Guitar Chord Songbook

40 Easy
Strumming
Songs

ISBN 978-1-4803-2145-8

HAL•LEONARD®
CORPORATION

7777 W. BLUEMOUND RD. P.O. BOX 13819 MILWAUKEE, WI 53213

Visit Hal Leonard Online at
www.halleonard.com

Guitar Chord Songbook

Contents

Barely Breathing

Words and Music by
Duncan Sheik

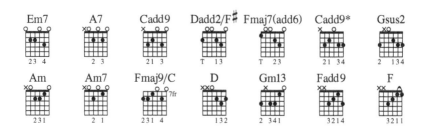

Melody:

I know what you're do - ing. I see it all ___

| Em7 | A7 | Cadd9 | Dadd2/F♯ | Fmaj7(add6) | Cadd9* | Gsus2 |
| Am | Am7 | Fmaj9/C | D | Gm13 | Fadd9 | F |

Intro   ‖: Em7 | A7 | Cadd9 | Dadd2/F♯   :‖

Verse 1

                    Em7   A7
I know what you're do - ing. I see it all too clear.

              Cadd9   Dadd2/F♯
I only taste the sa - line when I kiss away your tears.

                  Em7   A7
You really had me go - ing, wishing on a star.

                        Cadd9   Dadd2/F♯
But the black holes that surround ___ you are heavier by far.

                  Em7   A7
I believed in your confu - sion, you were so completely torn.

                  Cadd9   Dadd2/F♯
It must have been that yes - terday was the day that I was born.

                  Em7   A7
There's not much to exam - ine, nothing left to hide.

                  Cadd9   Dadd2/F♯
You really can't be se - rious if you have to ask me why.

                  Fmaj7(add 6)
I say ___ goodbye.

Chorus 1
                  Cadd9*   **Gsus2**
'Cause I am barely breath - ing and I can't find ___ the air.

                    Am   **Am7**   **Fmaj9/C**
Don't know who I'm ___ kidding, imag - ining you care.

                      Cadd9   **Gsus2**
And I could stand here wait - ing, a fool for another day.

                    Am   **Am7**
I don't suppose it's worth ___ the price, it's worth ___ the price,

         Fmaj9/C
The price ___ that I would pay, yeah, yeah, yeah.

Verse 2
                        Em7   **A7**
And ev'ryone keeps asking, ___ "What's it all about?"

                  Cadd9   **Dadd2/F#**
I used to be so cer - tain. Now I can't figure out.

                Em7   **A7**
What is this attract - tion? I only feel ___ the pain.

                  Cadd9   **Dadd2/F#**
And nothing left to rea - son, and only you to blame.

         Fmaj7(add6)
Will it ever ___ change?

Chorus 2
                  Cadd9*   **Gsus2**
'Cause I am barely breath - ing and I can't find ___ the air.

                    Am   **Am7**   **Fmaj9/C**
Don't know who I'm ___ kidding, imag - ining you care.

                      Cadd9   **Gsus2**
And I could stand here wait - ing, a fool for another day.

                    Am   **Am7**
I don't suppose it's worth ___ the price, it's worth ___ the price,

         Fmaj9/C   **Cadd9***
The price ___ that I would pay, yeah, yeah, ___ yeah.

                  Gsus2   **Am Am7 Fmaj9/C**
But I'm thinking it over anyway.

                Cadd9*   **Gsus2**   **Am Am7**   **Fmaj9/C**
I'm thinking it over anyway, ___ yeah, yeah, yeah. _____ Oh.

Bridge

D   **Am**
I've come to find ___ I may never know

Cadd9   **Gm13**
Your changing mind.   Is it friend or foe?

D   **Am**
I rise above   or sink below

Cadd9   **Gm13**
With ev'ry time   you come and go.

                     Fadd9 F
Please, don't come and go.

Chorus 3

       N.C.   **Cadd9***   **Gsus2**
'Cause I am barely breath - ing and I can't find ___ the air.

                Am   **Am7**   **Fmaj9/C**
Don't know who I'm ___ kidding, imag - ining you care.

                Cadd9*   **Gsus2**
And I could stand here wait - ing, a fool for another day.

                Am   **Am7**
I don't suppose it's worth ___ the price, it's worth ___ the price,

     Fmaj9/C   **Cadd9***
The price ___ that I would pay, yeah, yeah, ___ yeah.

          Gsus2   **Am Am7 Fmaj9/C**
But I'm thinking it over anyway.

          Cadd9*   **Gsus2**   **Am Am7**   **Fmaj9/C**
I'm thinking it over anyway, ___ yeah, yeah, yeah. _____ Oh.

And I know what you're doing. I see it all too clear.

Boulevard of Broken Dreams

Words by Billie Joe
Music by Green Day

Melody:

I walk a lone - ly road,

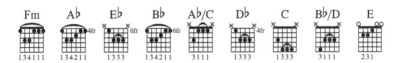

Intro

‖: Fm A♭ | E♭ B♭ :‖

Verse 1

    Fm   **A♭**
I walk a lonely road,

  E♭   **B♭**   **Fm**
The only one that I have ever known.

      A♭   **E♭**   **B♭**
Don't know where it goes, but it's home to me

        Fm   **A♭ E♭ B♭**
And I walk alone.

Fm   **A♭**
  I walk this empty street

E♭   **B♭**   **Fm**
On the boule - vard of broken dreams,

     A♭   **E♭**   **B♭**
Where the city sleeps and I'm the only one

       Fm **A♭**
And I walk alone.

E♭   **B♭**   **Fm** **A♭**
  I walk alone, I walk alone.

E♭   **B♭**   **A♭/C**
  I walk alone, I walk a...

Chorus 1

Db Ab   Eb   Fm
My shadow's the only one that ___ walks beside me.

Db Ab   Eb   Fm
My shallow heart's the only ___ thing that's beating.

Db   Ab   Eb   Fm
Some - times I wish someone out ___ there will find me.

Db   Ab   C
'Till then I walk alone.

Fm Ab   Eb   Bb
Ah. ___ Ah. ___ Ah. ___ Ah. Ah.

Fm   Ab   Eb   Bb
Ah. ___ Ah. ___ Ah.

Verse 2

Fm   Ab
I'm walking down the line

Eb   Bb   Fm
That divides me somewhere in my mind.

**   Ab   Eb**
On the borderline of the edge

**   Bb   Fm   Ab Eb Bb**
And where I walk alone.

Fm   Ab
Read be - tween the lines

Eb   Bb   Fm
Of what's fucked up and everything's al - right.

**   Ab**
Check my vital signs

**   Eb   Bb   Fm   Ab**
And know I'm still a - live and I walk alone.

Eb   Bb   Fm   Ab
I walk a - lone, I walk alone.

Eb   Bb   Ab/C
I walk a - lone, I walk a...

Chorus 2

Db   Ab   Eb   Fm
My shadow's the only one that ___ walks beside me.

Db   Ab   Eb   Fm
My shallow heart's the only ___ thing that's beating.

Db   Ab   Eb   Fm
Some - times I wish someone out ___ there will find me.

Db   Ab   C
'Till then I walk alone.

Fm   Ab   Eb   Bb
Ah. ___ Ah. ___ Ah. ___ Ah. Ah.

Fm   Ab   Eb   Bb   Ab/C
Ah. ___ Ah. ___ I walk a - lone. I walk a...

Guitar Solo

‖: Db   Ab |Eb   Fm   :‖ *Play 3 times*
| Db   Ab |C | |

Verse 3

Fm   Ab
I walk this empty street

Eb   Bb   Fm
On the boule - vard of broken ___ dreams,

        Ab
Where the city sleeps

     Eb   Bb   Ab/C
And I'm the only one and I walk a...

Chorus 3

Db   Ab   Eb   Fm
My shadow's the only one that ___ walks beside me.

Db   Ab   Eb   Fm
My shallow heart's the only thing that's beating.

Db   Ab   Eb   Fm
Some - times I wish someone out ___ there will find me.

Db   Ab   C
'Till then I walk alone.

Outro

‖: Fm   Db |Eb   Bb/D |Ab   E   :‖ *Play 3 times*
| Fm   Db |Eb   Bb/D |Ab E N.C. |

Breaking the Girl

Words and Music by Anthony Kiedis,
Flea, John Frusciante and Chad Smith

Tune down 1/2 step:
(low to high) E♭–A♭–D♭–G♭–B♭–E♭

Melody:

I _____ am a man _____

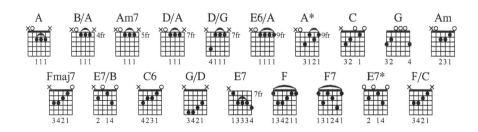

| A | B/A | Am7 | D/A | D/G | E6/A | A* | C | G | Am |

| Fmaj7 | E7/B | C6 | G/D | E7 | F | F7 | E7* | F/C |

Intro   ‖: A | B/A Am7 |D/A   D/G D |E6/A   A*   :‖

Verse 1
A   B/A   Am7   D/A   D/G   D/A   E6/A   A*
I am a man _____ cut from _____ the know.

A   B/A   Am7   D/A   D/G   D/A   E6/A   A*
Rarely do friends _____ come and _____ then go.

A   B/A   Am7   D/A   D/G   D/A   E6/A   A*
She was a girl _____ soft _____ but ____ es-tranged.

A   B/A   Am7   D/A   D/G   D/A   E6/A   A*
We were the two ____ our lives _____ re - ar-ranged.

Pre-Chorus 1
C   G   Am
Feeling so good that day.

C   G   Fmaj7
A feeling of love that day.

Chorus 1

Am   E7/B   C6   G/D   E7
Twisting and turning, your feelings are burning, you're breaking the girl.

Am E7/B C6 G/D F
She meant you no   harm.

Am   E7/B   C6   G/D   E7
Think you're so clever, but now you must sever, you're breaking the girl.

Am E7/B C6 G/D F   F7   E7*
He   loves no one   else.

Verse 2

A   B/A   Am7   D/A   D/G D/A   E6/A A*
Raised by my dad, _____ girl of _____ the day.

A   B/A   Am7   D/A   D/G D/A   E6/A A*
He was my man, _____ that was _____ the way.

A   B/A   Am7   D/A D/G D/A   E6/A A*
She was the girl _____ left _____ a-lone.

A   B/A   Am7   D/A D/G   D/A   E6/A A*
Feeling no need _____ to make ___ me ___ her home.

Pre-Chorus 2

C   G   Am
I don't know what, when or why.

C   G   Fmaj7
The twilight of love had ar-rived.

Chorus 2   *Repeat Chorus 1*

Interlude   ‖: Am | F/C :‖ *Play 8 times*

Chorus 3   *Repeat Chorus 1*

Outro   ‖: Am E7/B | C6 G/D | E7 | |
         | Am E7/B | C6 G/D | F | :‖ *Play 3 times and fade*

Building a Mystery

Words and Music by
Sarah McLachlan and Pierre Marchand

Melody:

You come out at night,

Tuning:
(low to high) E-A-D-G-A-D

(Capo 7th fret)

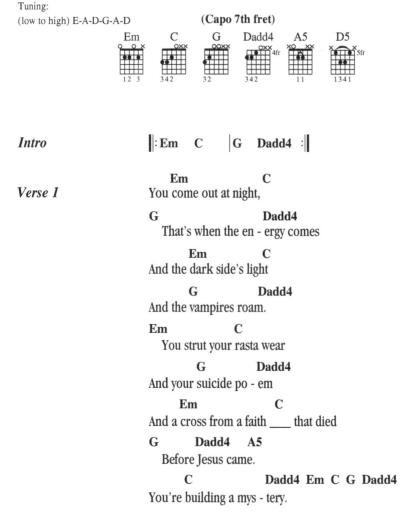

Em   C   G   Dadd4   A5   D5

Intro

‖: Em   C |G   Dadd4   :‖

Verse 1

       Em   C
You come out at night,

   G   Dadd4
That's when the en - ergy comes

       Em   C
And the dark side's light

        G   Dadd4
And the vampires roam.

  Em   C
You strut your rasta wear

        G   Dadd4
And your suicide po - em

       Em   C
And a cross from a faith ___ that died

  G   Dadd4   A5
Before Jesus came.

         C   Dadd4 Em C G Dadd4
You're building a mys - tery.

Verse 2

      Em   **C**
You live in a church

G   **Dadd4**
Where you sleep with voodoo ___ dolls

      Em   **C**
And you won't give up the search

      G   **Dadd4**
For the ghosts in the halls.

Em   **C**
You wear sandals in ___ the snow

     G   **Dadd4**
And a   smile that won't wash ___ away.

Em   **C**
Can you look out the window

      G   **Dadd4**
Without your ___ shadow getting in ___ the way?

Pre-Chorus 1

A5   **C**
You're so beautiful,   with an edge and a charm;

A5   **C**   **Dadd4**
But so careful when   I'm in your ___ arms

Chorus 1

Em   **C**   **G**   **Dadd4**
'Cause you're working, building a mys - tery.

Em **C**   **G**   **Dadd4**
Hold - ing on, ___ and hold - ing it in.

Em   **C**   **G**   **Dadd4**
Oh, yeah you're working, building a mys - tery

Em   **C**   **G**   **Dadd4**
And choos - ing so ___ care - fully.

Verse 3	**Em** **C** You woke up screaming aloud,

       Em   **C**
Verse 3   You woke up screaming aloud,

G   **Dadd4**
  A prayer from your ____ secret god

    Em   **C**
You feed off our fears

    G   **Dadd4**
And hold back your tears, ____ oh.

    Em   **C**
You give us a tantrum

    G   **Dadd4**
And a know it all grin

Em   **C**
Just when you need one

      G   **Dadd4**
When the evening's thin.

A5   **C**
Pre-Chorus 2   You're so beautiful,   a beautiful fucked-up man.

A5   **C**   **Dadd4**
  You're setting up your ra - zor wire ____ shrine

Chorus 2   *Repeat Chorus 1*

Guitar Solo   ‖: C   Dadd4 | C | A5 | C   Dadd4 :‖

Outro-Chorus

Em   C   G   Dadd4
(Same old) Hold - ing on, ___ hold - ing it in.

Em   C   G   Dadd4
Yeah, you're working, building a mys - tery

Em   C   G   Dadd4
And choos - ing so ___ care - fully.

Em   C   G   Dadd4
Yeah, you're working, you're building a mys - tery.

Em   C   G   Dadd4
Hold - ing on, ___ and hold - ing it in.

Em   C   G   Dadd4
Yeah, you're working, you're building a mys - tery

Em   C   G   Dadd4
And choos - ing so ___ care - fully.

Em   C   G   D5
You're building a mystery.

Cat's in the Cradle

Words and Music by
Harry Chapin and Sandy Chapin

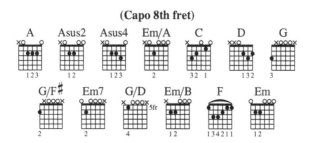

(Capo 8th fret)

A   Asus2   Asus4   Em/A   C   D   G
G/F#   Em7   G/D   Em/B   F   Em

Intro

| A | Asus2 Asus4 | Asus2 | 2/4 Em/A | |
| 4/4 A | | | | |

Verse 1

      A   C
My child arrived just the other day.

      D   A
He came to the world in the usual way,

                            C
But there were planes to catch and bills to pay.

D   A
He learned to walk while I was away.

          G   G/F#   Em7   G/D
And he was talkin' 'fore I knew it, and as he grew   he'd say,

      C   Em/B A
"I'm gonna be like you, Dad.

        C   Em/B A
You know I'm gonna be like you."

Chorus 1

          A   G
And the cat's in the cradle and the silver spoon,

C   D
Little boy blue and the man ___ in the moon.

  A   G
"When you comin' home, Dad?" "I don't know when

    C   Em/B   A
But we'll get to - gether then.

    C   Em/B   A
You know we'll have a good time then."

Interlude 1

| A | Asus2 Asus4 | Asus2 | $\frac{2}{4}$ Em/A | |
| $\frac{4}{4}$ A | | |

Verse 2

  A   C
My son turned ten just the other day.

     D   A
He said, "Thanks for the ball, Dad. Come on, let's play.

                      C
Can you teach me to throw?" I said, "Not today,

    D   A
I got a lot to do." He said, "That's okay."

    G   G/F#   Em7   G/D
And he,   he walked a - way, but his smile never dimmed.

     C   Em/B A
It said, "I'm gonna be like him, yeah.

     C   Em/B A
You know I'm gonna be like him."

Chorus 2   *Repeat Chorus 1*

Interlude 2   *Repeat Interlude 1*

Verse 3

```
              A                    C
Well, he came from college the other day,

        D                    A
So much like a man, I just had to say,

                           C
"Son, I'm proud of you, can you sit for a while?"

        D                    A
He shook his head and he said ___ with a smile,

          G        G/F#    Em7      G/D
"What I'd really like, Dad, is to borrow the car keys.

C       Em/B      A
  See you later. Can I have them, please?"
```

Chorus 3

```
          A                    G
And the cat's in the cradle and the silver spoon,

C                         D
Little boy blue and the man ___ in the moon.

A                        G
"When you comin' home, Son?" "I don't know when

        C         Em/B      A
But we'll get to - gether then, ___ Dad.

        C              Em/B    A
You know we'll have a good time then."
```

Interlude 3

```
‖: F    | G   Em | A      |       :‖      |          |
```

Verse 4

     A   C
I've long since retired, my son's moved away.

D   A
  I called him up just the other day.

                      C
I said, "I'd like to see you if you don't mind."

               D   A
He said, "I'd love to, Dad, if I can find the time.

        G   G/F♯   Em7   G/D
You see, my new job's a hassle and the kids have the flu,

     C   Em/B A
But it's sure nice talkin' to you, Dad.

        C   Em/B A
It's been sure nice talk - in' to you."

      G   G/F♯   Em7   G/D
And as I hung up the phone it oc - curred to me,

     C   Em/B   A
He'd grown up just like me.

     C   Em/B   A
My boy was just like me.

Chorus 4

        A   G
And the cat's in the cradle and the silver spoon,

C   D
Little boy blue and the man ___ in the moon.

 A   G
"When you comin' home, son?" "I don't know when

     C   Em/B   A
But we'll get to - gether then, ___ Dad.

      C   Em/B   A
We're gonna have a good time then."

Outro |A |Asus2 Asus4 |Asus2 |²⁄₄ Em/A |⁴⁄₄ A   ‖

Copperhead Road

Words and Music by
Steve Earle

Melody:

Well, my name's John Lee Pet - ti - more

Drop D tuning:
(low to high) D-A-D-G-B-E

D   G

Intro   ‖: D | | | :‖ *Play 5 times*

    | G | | D | |

    | | |

                 D

Verse 1   Well, my name's John Lee Pettimore

Same as my daddy and his daddy before.

You hardly ever saw Granddaddy down here.

He only come to town about twice a year.

He'd buy a hundred pounds of yeast and some copper line

Ev'rybody knew that he made moonshine.
            G

Now the revenue man wanted Granddaddy bad
D

Headed up the holler with ev'rything he had.
       G

Be - fore my time, well, I've been told
        D

He never come back from Copperhead Road.

Verse 2

          D
Now, Daddy ran the whiskey in a big block Dodge.

Bought it at an auction at the Mason's Lodge.

Johnson County Sheriff painted on the side.

Just shot a coat of primer then he looked inside.

Well, him and my uncle tore that engine down

I still remember that rumblin' sound.
         G
Then the sheriff came around in the middle of the night
D
Heard mama cryin', knew something wasn't right.
         G
He was headed down to Knoxville with the weekly load
           D
You could smell the whiskey burnin' down Copperhead Road.

Guitar Solo   ‖: D | | | :‖
                ‖: G | |D | :‖
                | | |

Verse 3

               D
I volun - teered for the Army on my birthday,

They draft the white trash first, 'round here anyway.

I done two tours of duty in Vietnam.

I came home with a brand-new plan.

I'd take the seed from Colombia and Mexico

I'd just plant it up the holler down Copperhead Road.
          G
Now the D.E.A's got a chopper in the air,
   D
I wake up screamin' like I'm back over there.
  G
I learned a thing or two from Charlie don't you know,
     D
You better stay away from Copperhead Road.

Outro

              D
Copperhead Road. Copperhead Road. Copperhead Road.

Daughter

Words and Music by Stone Gossard,
Jeffrey Ament, Eddie Vedder,
Michael McCready and
David Abbruzzese

Melody:

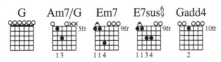

A - lone, _____   list - less, ____

Open G tuning:
(low to high) G-G-D-G-B-D

G   Am7/G   Em7   E7sus⁶₉   Gadd4

Intro |G   Am7/G G | Am7/G G |
           | Am7/G G |Am7/G   G |

                  G   Am7/G G   Am7/G G
Verse 1   A - lone, _____ list - less,

                       Am7/G   G   Am7/G   G
                  Break - fast ta - ble in an otherwise empty ___ room.

                  Am7/G G   Am7/G G
                  Young   girl, vio - lins,

                  Am7/G G   Am7/G
                  Center of her own attention.

                  G   Am7/G G   Am7/G   G
                  Moth - er reads aloud, child tries _____ to understand it,

                  Am7/G G   Am7/G
                  Tries to make her proud.

                  G   Am7/G G Em7   E7sus⁶₉   Em7
Pre-Chorus 1   The shades   go down. It's in her head,

                       E7sus⁶₉   Em7   E7sus⁶₉
                  Paint - ed room, ___ can't deny

                  Em7   E7sus⁶₉
                  There's some - thing wrong.

Chorus 1

G   Am7/G G   Am7/G G
Don't call   me daughter, not fit   to.

    Am7/G G   Am7/G G
The pic - ture kept will remind ___ me.

    Am7/G G   Am7/G G
Don't call   me daughter, not fit   to.

    Am7/G G   Am7/G G
The pic - ture kept will remind ___ me.

    Am7/G
Don't call me...

Interlude 1

| Em7   E7sus§ | Em7   E7sus§ | Em7   E7sus§ |
| Em7 | G   Gadd4 G |

Bridge

Em7   E7sus§   Em7   E7sus§
She holds ___ the hand ___ that holds ___ her down.

Em7 E7sus§ Em7   E7sus§ Em7
      She will   rise above.

Guitar Solo

| : G   Am7/G G | Am7/G G |
| Am7/G G | Am7/G   G :||

Chorus 2

       G
       Don't call me daughter, not fit to.

         Am7/G G
       The pic   -   ture kept will remind me.

           Am7/G G
       Don't call   me daughter, not fit to be.

         Am7/G G Am7/G   **G**
       The pic   -   ture kept will remind me.

           Am7/G G   **Am7/G G**
       Don't call _____ me daughter, not fit   to.

         Am7/G G   **Am7/G G**
       The pic   -   ture kept will remind ___ me.

         Am7/G G   **Am7/G G**
       Don't call   me daughter, not fit   to be.

         Am7/G G   **Am7/G G**   **Am7/G**
       The pic   -   ture kept will remind me. Don't call me...

Interlude 2   ‖: **Em7** **E7sus§** |**Em7**   **E7sus§** :‖ *Play 4 times*

           Em7
Outro   The shades go down.

       The shades go down.

       The shades go, go, go.

Drift Away

Words and Music by
Mentor Williams

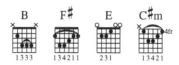

B	F#	E	C#m
1 3 3 3	1 3 4 2 1 1	2 3 1	1 3 4 2 1 4fr

Intro |B F# E F# B |F# B |

Verse 1
　　　E   B
　　　Day after day I'm more con - fused,

　　　E   F#   B
　　　Yet I look for the light in the pouring rain.

　　　E   B
　　　You know that's a game that I hate to lose.

　　　C#m   E
　　　And I'm feelin' the strain,   ain't it a shame?

Chorus 1
　　　　　B
　　　Oh, give me the beat, boys, and free my soul,

　　　　F#   E
　　　I wanna get lost in your rock 'n roll and drift away.

　　　　　B
　　　Oh, give me the beat, boys, and free my soul,

　　　　F#   E
　　　I wanna get lost in your rock 'n roll and drift away.

　　　|B F# E F# B |F# B |

Verse 2

```
     E                            B
     Beginning to think that I'm wastin' time.
     E            F#           B
     I don't under - stand the things I do.
     E                          B
     The world outside looks so un - kind.
     C#m                   E
     Now, I'm countin' on you    to carry me through.
```

Chorus 2   *Repeat Chorus 1*

Bridge
```
     C#m
     And when my mind is free
     E                      B
     You know a melody can move me.
     C#m
     And when I'm feelin' blue
     E                              F#
     A guitar's comin' through to soothe___ me.
```

Verse 3
```
     E                        B
     Thanks for the joy that you've given me.
     E            F#           B
     I want you to know ___ I believe in your song.
     E                      B
     Rhythm and rhyme and harmony.
     C#m              E
     You help me along,    makin' me strong.
```

Chorus 3
```
          B
     ‖: Oh, give me the beat, boys, and free my soul,
       F#                              E
     I wanna get lost in your rock 'n roll and drift away.
     B
     Give me the beat, boys, and free my soul,
       F#                            E
     I wanna get lost in your rock 'n roll and drift away.  :‖
                              B         F#     E
     Na, na, na, won't you, won't you take me, whoa, take me.
```

Outro   ‖: B | F# | E | :‖ *Repeat and fade*

Hey, Soul Sister

Words and Music by
Pat Monahan, Espen Lind
and Amund Bjorkland

Melody:

Hey, _____   hey, _____

(Capo 5th fret)

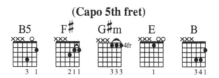

B5   F#   G#m   E   B

Intro

| B5 | F# | G#m | E |

    Hey, ___   hey, ____   hey, ____

Verse 1

   B5
Your lipstick stains

F#   **G#m**
  On the front lobe of my left side brains.

E   **B5**
  I knew I wouldn't for - get ya,

             F#   **G#m E F#**
And so I went and let you blow my mind.

Verse 2

   B5
Your sweet moonbeam,

F#   **G#m**   **E**
  The smell of you in ev'ry single dream I dream.

          B5
I knew when we collid - ed,

            F#   **G#m E F#**
You're the one I have de - cided who's one of my kind.

Chorus 1

```
E                    F♯           B
Hey, soul sister, ain't ___ that Mister Mister
F♯   E
On the radio, stereo?
           F♯              B          F♯
The way ___ you move ain't fair you know.
E                 F♯            B
Hey, soul sister, I ___ don't wanna miss
  F♯   E           F♯      B5
A single thing you do ___ tonight.
```

Interlude

```
B5    F♯    G♯m    E
  Hey, ___ hey, ___ hey.
```

Verse 3

```
B5
Just in time,
F♯                    G♯m                 E
  I'm so glad you have a one track mind like me.
                   B5
You gave my life direc - tion,
                      F♯              G♯m
A game show love connec - tion we can't de - ny.
  E  F♯
I. I,...
```

Verse 4

```
B5
I'm so obsessed,
F♯                              G♯m                  E
  My heart is bound to beat right out my untrimmed chest.
              B5                          F♯
I believe in you. ___ Like a virgin, you're Madon - na
                   G♯m              E  F♯
And I'm always gonna wanna blow your mind.
```

Chorus 2   *Repeat Chorus 1*

Verse 5

B5
The way you can cut a rug,

F#   **G#m**
Watching you's the only drug I need.

Some gangsta, I'm so thug.

             E
You're the only one I'm dreamin' of.

    B5   **F#**
You see,   I can be myself now, finally.

                    G#m
In fact, there's nothin' I can't be.

                   E   **F#**
I want the world to see you'll be with ___ me.

Chorus 3

E   **F#**   **B**
Hey, soul sister, ain't ___ that Mister Mister

F#   **E**
On the radio, stereo?

       F#   **B**   **F#**
The way ___ you move ain't fair you know.

E   **F#**   **B**
Hey, soul sister, I ___ don't wanna miss

 F#   **E**   **F# B F#**
A single thing you do tonight.

E   **F#**   **B**
Hey, soul sister, I ___ don't wanna miss

 F#   **E**   **F#**   **B5**
A single thing you do ___ tonight.

Outro

B5   **F#**   **G#m**   **E** **F#**   **B5**
Hey, ___ hey, ___ hey ___ tonight.

     F#   **G#m**   **E F#**   **B5**
Hey, ___ hey, ___ hey ___ tonight.

Homeward Bound

Words and Music by
Paul Simon

(Capo 3rd fret)

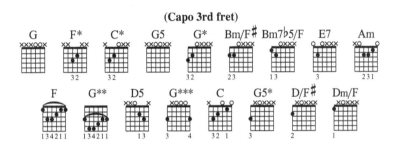

Intro | G   F* | C*   G5 |

Verse 1

     G*
I'm sittin' in a railway station,

     Bm/F#   **Bm7♭5/F E7**
Got a ticket from my destination. ___ Mm.

Am
On a tour of one night stands,

   F
My suitcase and guitar in hand,

   G**
And ev'ry stop is neatly planned

   D5
For a poet and a one-man band.

Chorus 1

G***   C
Homeward bound.

       G***   C
I wish I ___ was homeward bound.

G***   F   G***
Home, where my thought's escapin'.

               F   G***
Home, where my music's playin'.

               F   G***
Home, where my love lies wait - ing

D5   G*
Silently for ___ me.

Verse 2

G*
Ev'ry day's an endless stream

  Bm/F♯   Bm7♭5/F E7
Of cigarettes and magazines. ___ Mm.

   Am
And each town looks the same to me,

   F
The movies and the factories,

   G**
And ev'ry stranger's face I see

      D5
Reminds ___ me that I long to be…

Chorus 2   *Repeat Chorus 1*

Verse 3

G*
To - night I'll sing my songs again,

Bm/F♯   Bm7♭5/F E7
I'll play the game and pretend. ___ Mm.

    Am
But all my words come back to me

  F
In shades of mediocrity.

   G**
Like emptiness and harmony,

  D5
I need someone to comfort me.

Chorus 3

G***   C
   Homeward bound.

      G***   C
I wish I was homeward bound.

G***   F   G***
Home, where my thought's escapin'.

              F   G***
Home, where my music's playin'.

              F   G***
Home, where my love lies wait - ing

D5   G5*
Silently for ___ me.

D/F♯   Dm/F   G*** F* C* G5
  Silently for ___ me.

A Horse with No Name

Words and Music by
Dewey Bunnell

Melody:

On the first part of the jour - ney

Em   F#m11   D§/F#   Em9   Em7   F#m7

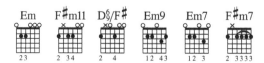

Intro |Em |F#m11 D§/F# |Em |F#m11 D§/F# |

Verse 1

       Em   F#m11 D§/F#
On the first part of the jour - ney

       Em   F#m11 D§/F#
I was looking at all the life.

         Em   F#m11   D§/F#
There were plants and birds and rocks ___ and things,

         Em   F#m11 D§/F#
There were sand and hills and rings.

       Em   F#m11 D§/F#
The first thing I met was a fly with a buzz

        Em   F#m11 D§/F#
And the sky with no clouds.

       Em   F#m11   D§/F#
The heat was hot and the ground was dry,

        Em   F#m11
But the air was full of sound.

Chorus 1

      Em9   F#m11

I've been through the desert on a horse with no name.

    Em9   F#m11

It felt good to be out of the rain.

    Em9   F#m11

In the desert you can re - member your name

       Em9   F#m11

'Cause there ain't no one for to give you no pain.

 Em9   F#m11

‖: La, la, la, ___ la, la, la, la, la,

Em9 F#m11

La, la, la.   :‖

Verse 2

    Em   F#m11 D§/F#

After two days in the desert   sun

   Em   F#m11 D§/F#

My skin began to turn red.

   Em   F#m11 D§/F#

After three days in the desert   fun

    Em   F#m11 D§/F#

I was looking at a river bed.

    Em   F#m11 D§/F#

And the story it told of a river that flowed

     Em   F#m11

Made me sad to think it was dead.

Chorus 2

      Em9   F#m11

You see I've been through the desert on a horse with no name.

    Em9   F#m11

It felt good to be out of the rain.

    Em9   F#m11

In the desert you can re - member your name

       Em9   F#m11

'Cause there ain't no one for to give you no pain.

   Em9   F#m11

‖: La, la, la, la, ___ la, la, la, la, la,

Em9 F#m11

La, la, la.   :‖

Guitar Solo | Em7 F#m7 | Em7 | F#m7 | Em7 |
| F#m7 | Em7 | F#m7 | |

Verse 3

       Em   F#m11   D§/F#
After nine days I let the horse run free

           Em   F#m11   D§/F#
'Cause the desert had turned to sea.

           Em   F#m11   D§/F#
There were plants and birds and rocks ___ and things,

           Em   F#m11 D§/F#
There were sand and hills and rings.

        Em   F#m11   D§/F#
The ocean is a desert with its life under - ground

        Em   F#m11 D§/F#
And the perfect disguise above.

           Em   F#m11   D§/F#
Under the cities lies a heart made of ground

           Em   F#m11
But the humans will give no love.

Chorus 3

           Em9   F#m11
You see I've been through the desert on a horse with no name.

         Em9   F#m11
It felt good to be out of the rain.

         Em9   F#m11
In the desert you can re - member your name

           Em9   F#m11
'Cause there ain't no one for to give you no pain.

          Em9 F#m11
||: La, la, la, la, ___ la, la, la, la, la,

Em9 F#m11
La, la, la.   :|| *Repeat and fade*

I'll Be

Words and Music by
Edwin McCain

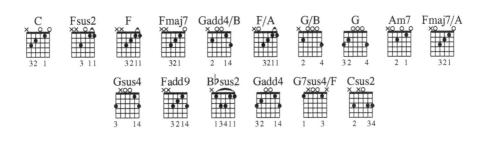

Intro   ‖: C | | Fsus2 | :‖

Verse 1

       C
The strands in your eyes

     F   **Fmaj7**
That color them wonderful

C   **Gadd4/B** **F/A**
Stop me and steal my breath.

      C
And emeralds from mountains

F
Thrust toward the sky,

C   **Gadd4/B** **F/A**
Never revealing their depth.

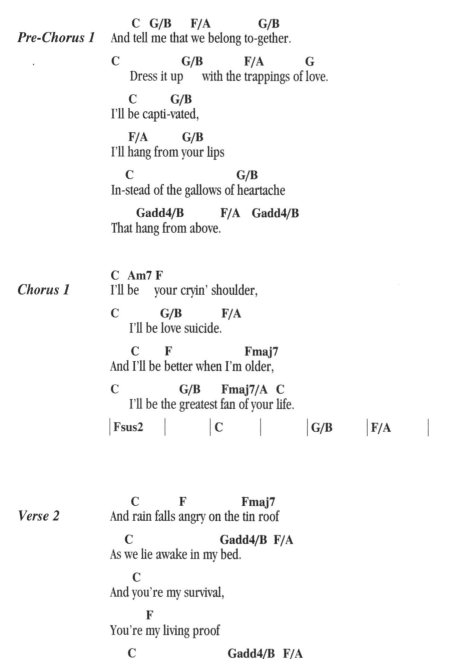

Pre-Chorus 1
         C G/B   F/A   G/B
And tell me that we belong to-gether.

.
        C   G/B   F/A   G
          Dress it up   with the trappings of love.

          C   G/B
I'll be capti-vated,

          F/A   G/B
I'll hang from your lips

          C   G/B
In-stead of the gallows of heartache

          Gadd4/B   F/A Gadd4/B
That hang from above.

Chorus 1
          C Am7 F
I'll be   your cryin' shoulder,

          C   G/B   F/A
          I'll be love suicide.

            C   F   Fmaj7
And I'll be better when I'm older,

          C   G/B   Fmaj7/A C
          I'll be the greatest fan of your life.

| Fsus2 | | | C | | | G/B | F/A | |

Verse 2
          C   F   Fmaj7
And rain falls angry on the tin roof

          C   Gadd4/B F/A
As we lie awake in my bed.

          C
And you're my survival,

            F
You're my living proof

          C   Gadd4/B F/A
My love is alive and not dead.

Pre-Chorus 2   *Repeat Pre-Chorus 1*

Chorus 2   *Repeat Chorus 1*

Interlude
       Am7
And I've dropped out, I've burned up.

   G   **Gsus4 G**   **Gsus4**   **F Fadd9 F Fadd9**
I fought my way back from the dead.

     Am7   **G**   **Gsus4**
I've tuned in, turned on, re-mem-bered the thing that you

F Fadd9 B♭sus2 Gadd4
Said.

Chorus 3
   C   **F**
I'll be your cryin' shoulder,

   C   **G/B**   **F/A**
  I'll be love suicide.

   C   **F**   **Fmaj7/A**
I'll be better when I'm older,

   C   **G/B**   **Fmaj7/A C**
  I'll be the greatest fan of your life.

Outro | C | | G7sus4/F | |
          | Csus2 | | G/B | Fmaj7/A |

I Can See Clearly Now

Words and Music by
Johnny Nash

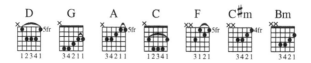

D	G	A	C	F	C#m	Bm

Intro

‖: N.C.(D) | :‖

Verse 1

> D   G   D
> I can see clear - ly now, the rain ___ has gone.

>   G   A
> I can see all ___ obstacles in my way.

> D   G   D
> Gone are the dark ___ clouds that had ___ me blind.

>   C   G   D
> It's gonna be a bright, ___ bright ___ sunshiny day.

>   C   G   D
> It's gonna be a bright, ___ bright ___ sunshiny day.

Verse 2

D   G   D
Oh, yes I can make ___ it now, the pain ___ has gone.

            G   A
All of the bad ___ feelings have disappeared.

D   G   D
Here is that a rain - bow I've been pray - ing for.

                 C   G   D
It's gonna be a bright, ___ bright ___ sunshiny day.

Bridge

F   C
Look all around, there's nothing but blue skies.

F   A   C♯m G C♯m G C Bm A
Look straight ahead, nothing but blue skies.

Verse 3

D   G   D
I can see clear - ly now, the rain ___ has gone.

            G   A
I can see all ___ obstacles in my way.

D   G   D
Here is that a rain - bow I've been pray - ing for.

                 C   G   D
It's gonna be a bright, ___ bright ___ sunshiny day.

Outro

    D   C
‖:   It's gonna be a bright,

        G   D
Bright, ___ sunshiny day. :‖ *Repeat and fade w/ vocal ad lib.*

I Should Have Known Better

Words and Music by John Lennon
and Paul McCartney

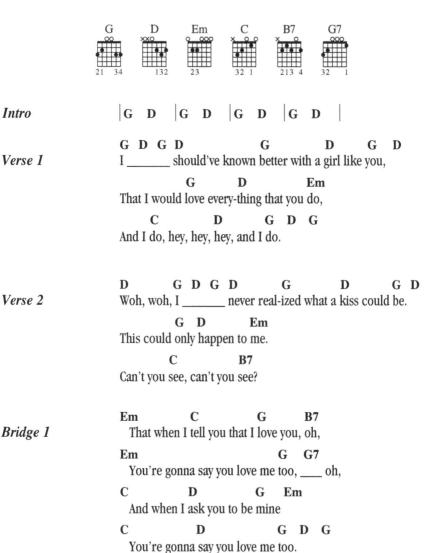

Intro
|G D |G D |G D |G D |

Verse 1

G D G D   G   D   G D
I _____ should've known better with a girl like you,

          G   D   Em
That I would love every-thing that you do,

        C   D   G D G
And I do, hey, hey, hey, and I do.

Verse 2

D   G D G D   G   D   G D
Woh, woh, I _____ never real-ized what a kiss could be.

         G D   Em
This could only happen to me.

         C   B7
Can't you see, can't you see?

Bridge 1

Em   C   G   B7
That when I tell you that I love you, oh,

Em   G G7
You're gonna say you love me too, ___ oh,

C   D   G Em
And when I ask you to be mine

C   D   G D G
You're gonna say you love me too.

Verse 3

```
D    G D G D           G         D       G D
So, oh, I _____ should have real-ized a lot of things be-fore.
        G            D       Em
If this is love, you've got to give me more,
          C          D          G   D G  D
Give me more, hey, hey, hey, give me more.
```

Solo

```
|G   D  |G   D  |G   D  |G   D  |
|G   D  |Em     |C      |D      |
|G   D  |G   D      |
              Woh woh,
```

Verse 4

```
G D G D       G         D       G  D
I _____ never real-ized what a kiss could be.
          G  D      Em
This could only happen to me.
          C        B7
Can't you see, can't you see?
```

Bridge 2   *Repeat Bridge 1*

Outro

```
    D    G D G
You love me too.
        D    G D G
|: You love me too.      :|  Repeat and fade
```

Into the Mystic

Words and Music by
Van Morrison

Melody:

We were born — be-fore the wind,

(Capo 3rd fret)

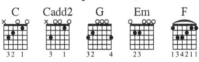

Intro

| C Cadd2 | C Cadd2 | C Cadd2 | C Cadd2 |
| C Cadd2 | C | |

Verse 1

C   Cadd2
We were born before the wind,

C
Also younger than the sun,

G
Ere the bonny boat was won

                        C   Cadd2 C Cadd2
As we sailed into the mystic.

C   Cadd2
Hark now, hear the sailors cry.

C
Smell the sea and feel the sky.

G   C
Let your soul and spirit fly into the mystic.

Pre-Chorus 1

Em   F
And when that foghorn blows,

            C   Cadd2 C
I will be coming home.

Em   F   G
And when that foghorn blows, I wanna hear it.

I don't have to fear it,

	C
Chorus 1	And I ___ wanna rock your gypsy soul,

Just like way back in the days of old.

G   C   Cadd2 C
And magnificently we will flow into the mystic.

Instrumental |C | | | |
                                  |G | |C | |

	Em F
Pre-Chorus 2	When that fog - horn blows,

C
You know, I will be coming home.

Em   F
And when that foghorn whistle blows,

G
I gotta hear it, I don't have to fear it,

	C
Chorus 2	And I wanna rock your gypsy soul,

Just like way back in the days of old.

G   C   Cadd2 C
And together we will flow into the mystic.

Come on, girl.

Outro |C | | | |
                          |G | |C | |
                                                             Too late to stop now.
                          |G | |C   ‖

Island in the Sun

Words and Music by
Rivers Cuomo

Melody:

When you're on ___ a hol - i - day, ___

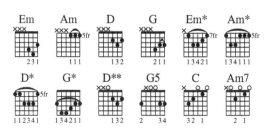

Em	Am	D	G	Em*	Am*
2 3 1	1 1 1	1 3 2	2 1 1	1 3 4 2 1	1 3 4 1 1 1

D*	G*	D**	G5	C	Am7
1 1 2 3 4 1	1 3 4 2 1 1	1 3 2	2 3 4	3 2 1	2 1

Intro

‖: Em   Am   D | G   :‖
                                          Hip, hip.

‖: Em*   Am* | D*   G*   :‖
                                          Hip, hip.

Verse 1

Em* Am*   D*   G*   Em*
    When you're on ___ a hol - iday,

Am*   D*   G*   Em*
    And you can't find ___ no words ___ to say,

Am*   D*   G*   Em*
    All the things ___ that come ___ to you,

Am*   D*   G*
    And I want ___ to feel ___ it too.

Chorus 1

Em* Am*   D*   G*   Em*
    On an is - land in ___ the sun,

Am*   D*   G*   Em*
    We'll be play - ing and hav - ing fun.

Am*   D*   G*   Em*
    And it makes ___ me feel ___ so fine

     Am*   D*   G*
I can't ___ control ___ my brain.

Interlude 1   ‖: Em*   Am* | D*   G*   :‖
                                            Hip, hip.

Verse 2

Em* Am*   D*   G*   Em*
          When you're on ____ a gold - en sea,

Am*   D*   G* Em*
You don't need ____ no mem - ory,

Am*   D*   G*   Em*
Just a place ____ to call ____ your own

Am*   D*   G*
As we drift ____ into ____ the zone.

Chorus 2   *Repeat Chorus 1*

Bridge 1

D**   G5
We'll run a - way together.

D**   G5
We'll spend some time, forever.

C   Am7   D**
We'll never feel bad any - more. Hip, hip.

Interlude 2   *Repeat Interlude 1*

Guitar Solo   *Repeat Verse 1 (Instrumental)*

Chorus 3   *Repeat Chorus 1*

Bridge 2   *Repeat Bridge 1*

Outro

Em* Am* D* G*   Em*   Am*   D*   G*
          We'll nev - er feel ____ bad an - ymore.

Em* Am* D* G*
          No, no.

Em* Am* D* G*   Em*   Am*   D*   G*
          We'll nev - er feel ____ bad an - ymore.

Em* Am* D* G*   Em* Am* D* G*
          No, no.   No, no.   *Fade out*

Karma Police

Words and Music by Thomas Yorke,
Jonathan Greenwood, Colin Greenwood,
Edward O'Brien and Philip Selway

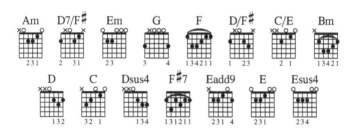

Intro

| Am D7/F♯ | Em   G | Am F | Em G |
| Am D7/F♯ | G D/F♯ C/E Bm | Am | Bm D |

Verse 1

  Am D7/F♯ Em
  Karma ___ police

  G   Am
  Ar - rest this man,

     F   Em
  He talks ___ in maths,

  G   Am
  He buzzes like a fridge,

     D G
  He's like ___ a de - tuned

   C Bm Am Bm D Dsus4 D
  Ra - di - o.

GUITAR CHORD SONGBOOK

Verse 2

Am	D7/F#	Em

Karma ___ police,

G   Am

Ar - rest this girl,

F   Em

Her Hit - ler hair - do

G   Am

Is making me feel ill,

D/F#   G

And we ___ have crashed

D/F#   C Bm Am Bm D

Her ___ par - ty.

Chorus 1

C   D   G F#7

This is what   you get,

C   D   G F#7

This is what   you get,

C   D   G

This is what   you get

Bm   C Bm D Dsus4 D

When you mess ___ with us.

Verse 3

Am   D7/F#   Em

Karma ___ police,

G   Am

I've given all I can,

F   Em

It's not ___ enough,

G   Am

I've given all I can,

D

But we're ___ still

G   D/F#   C Bm Am Bm D Dsus4 D

On ___ the ___ pay - roll.

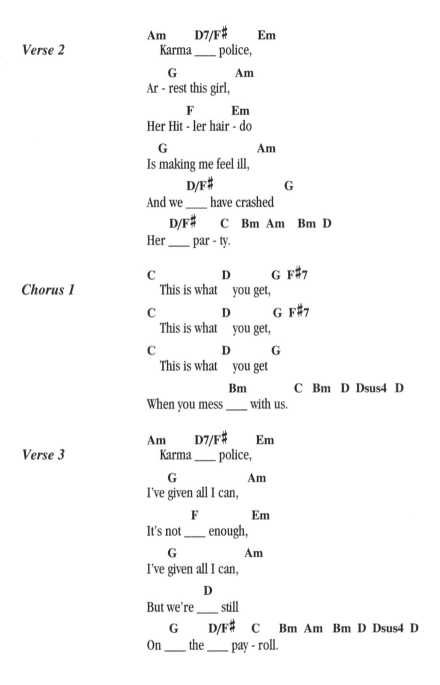

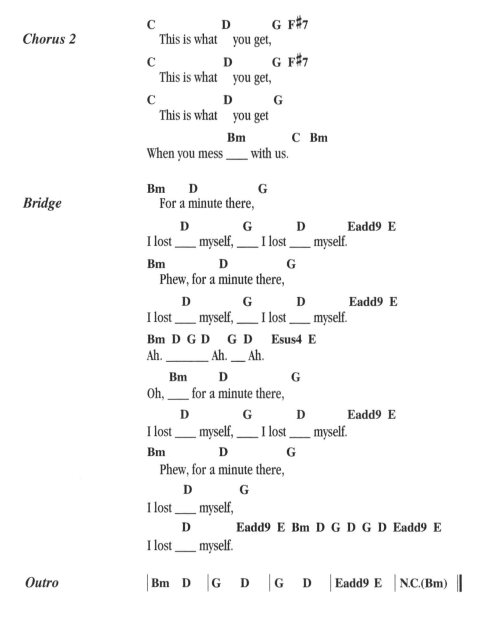

Chorus 2

C   D   G F♯7
This is what you get,

C   D   G F♯7
This is what you get,

C   D   G
This is what you get

       Bm   C Bm
When you mess ___ with us.

Bridge

Bm D   G
For a minute there,

   D   G   D   Eadd9 E
I lost ___ myself, ___ I lost ___ myself.

Bm   D   G
Phew, for a minute there,

   D   G   D   Eadd9 E
I lost ___ myself, ___ I lost ___ myself.

Bm D G D G D Esus4 E
Ah. _____ Ah. __ Ah.

   Bm   D   G
Oh, ___ for a minute there,

   D   G   D   Eadd9 E
I lost ___ myself, ___ I lost ___ myself.

Bm   D   G
 Phew, for a minute there,

   D   G
I lost ___ myself,

   D   Eadd9 E Bm D G D G D Eadd9 E
I lost ___ myself.

Outro

| Bm D | G   D | G   D | Eadd9 E | N.C.(Bm) ‖

Let Her Cry

Words and Music by Darius Carlos Rucker,
Everett Dean Felber, Mark William Bryan
and James George Sonefeld

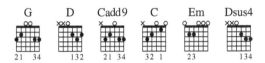

G   D   Cadd9   C   Em   Dsus4

Verse 1

       G   **D**
She sits alone by a lamp - post

       Cadd9   **G**
Tryin' to find a thought that's escaped her mind.

                                     D
She says, "Dad's the one I love ___ the most,

       Cadd9   **G**
But Stipe's not far behind."

Verse 2

       G   **D**
She never lets me in,   only tells me where she's been

       Cadd9   **G**
When she's had too much to drink.

                                   D
I say that I don't care, I just run ___ my hands through her dark hair,

            Cadd9   **G**
Then I   pray to God, "You gotta help me fly away."

Chorus 1 And just let her cry $\overset{\text{C}}{\rule{0pt}{0pt}}$ ___ if the tears $\overset{\text{G}}{\rule{0pt}{0pt}}$ ___ fall down like rain.

And just let her cry ___ if the tears ___ fall down like rain.

                    C   Em G   D

Let her sing, ___ if it eases all her ___ pain.

           C   G

Let her go, ___ let her walk ___ right out on me.

         D   C

And if the sun comes up tomorrow, let her be. ___ Let her be.

*Guitar
Solo 1* | G | D | Cadd9 | G |

           G   D

Verse 3   This morning I woke up alone,   found a note standing by the phone

Cadd9   G

  Sayin', "Maybe, maybe I'll be back ___ someday."

                                             D

I wanted to look for you. You walked in, I didn't know just what I should do,

      Cadd9   G

So I   sat back down and had a beer and felt sorry for myself.

                       C   G

Chorus 2 Sayin' let her cry ___ if the tears ___ fall down like rain.

                    C   Em G   D

Let her sing, ___ if it eases all her ___ pain.

           C   G

Let her go, ___ let her walk ___ right out on me.

         D   C

And if the sun comes up tomorrow, let her be. ___ Let her be.

Guitar | G   D | Cadd9 | G |
Solo 2 | G   D | Cadd9 | G |
          Ah.   Oh.   No, no, no, no.

Chorus 3
                      C   **G**
Let her cry ___ if the tears ___ fall down like rain.

                   C   **Em** **G**   **D**
Let her sing, ___ if it eases all her ___ pain.

              C   **G**
Let her go, ___ let her walk ___ right out on me.

            D   **C**
And if the sun comes up tomorrow, let her be. ___ Ah.

Breakdown |G |D   Dsus4 |Cadd9 |G |

Verse 4
G   **D**
   Last night I tried to leave,   cried so much I could not believe

Cadd9   **G**
   She was the same girl I fell in love with long ago.

                         D
   She went in the back to get high,   an' I sat down on my couch and cried,

        Cadd9   **G**
   Yellin', "Oh, mama, please help me."   Won't you hold my hand and…

Chorus 4
                      C   **G**
Let her cry ___ if the tears ___ fall down like rain.

                   C   **Em** **G**   **D**
Let her sing, ___ if it eases all her ___ pain.

              C   **G**
Let her go, ___ let her walk ___ right out on me.

            D   **G**
And if the sun comes up tomorrow, let her be.

Chorus 5
                      C   **G**
Let her cry ___ if the tears ___ fall down like rain.

                   C   **Em** **G**   **D**
Let her sing, ___ if it eases all her ___ pain.

              C   **G**
Let her go, ___ let her walk ___ right out on me.

            D   **C**   **G**
And if the sun comes up tomorrow, let her be. ___ Ah, let her be.

Kokomo

from the Motion Picture COCKTAIL

Music and Lyrics by John Phillips,
Terry Melcher, Mike Love
and Scott McKenzie

Melody:

(A - ru - ba, Ja - mai - ca,

C	Cmaj7	Gm	F	Fm	D7	G7	Am	Dm

| 32 1 | 32 | 34111 | 34211 | 34111 | 213 | 32 1 | 231 | 231 |

Intro

N.C.
(Aruba, Jamaica,

Ooh, I wanna take ya.

Bermuda, Bahama,

Come on, pretty mama.

Key Largo, Montego,

Baby, why don't we go, Jamaica?)

Verse 1

                C Cmaj7
Off the Florida Keys

Gm   F
   There's a place called Kokomo.

Fm   C
   That's where you wanna go

        D7   G7
To get a-way from it all.

C   Cmaj7
   Bodies in the sand,

Gm   F
   Tropical drink melting in your hand.

```
Fm                          C
     We'll be falling in love

                     D7
To the rhythm of a steel drum band

G7                      C
     Down in Kokomo.



                C
Chorus 1    A-ruba, Jamaica,

            Ooh, I wanna take you
                  F
            To Ber-muda, Bahama,

            Come on, pretty mama.
              C
            Key Largo, Montego,

                                    F
            Baby, why don't we go?
            Ooh, I wanna take you down to Kokomo.
                    Fm                      C
            We'll get there fast and then we'll take it slow.
            Am              Dm        G7
                 That's where we wanna go,
                              C
            Way down in Kokomo.


            La Martinique,

            That Montserrat mystique.



            C                    Cmaj7
Verse 2          We'll put out to sea
            Gm                    F
                 And we'll perfect our chemistry.
            Fm                    C
                 By and by we'll defy
```

```
              D7      G7
     A little bit of gravity.

     C                      Cmaj7
         Afternoon delight,

     Gm              F
         Cocktails and moonlit nights.

     Fm                           C
         That dreamy look in your eye,

                      D7
     Give me a tropical contact high

     G7                       C
         Way down in Kokomo.
```

```
                 C
Chorus 2    A-ruba, Jamaica,

            Ooh, I wanna take you

                 F
            To Ber-muda, Bahama,

            Come on, pretty mama.

                 C
            Key Largo, Montego,

                              F
            Baby, why don't we go?
            Ooh, I wanna take you down to Kokomo.

                 Fm                  C
            We'll get there fast and then we'll take it slow.

            Am            Dm      G7
                That's where we wanna go,

                          C
            Way down in Kokomo.

            Port Au Prince,

            I wanna catch a glimpse.
```

Solo | C | Cmaj7 | Gm | F |
        | Fm | C | D7 | G7 |

Verse 3
C   Cmaj7
    Ev'rybody knows
Gm   F
    A little place like Kokomo.
Fm   C
    Now if you wanna go
            D7
And get a-way from it all,
G7   C
    Go down to Kokomo.

            C
Chorus 3 ‖: A-ruba, Jamaica,

Ooh, I wanna take you
        F
To Ber-muda, Bahama,

Come on, pretty mama.
        C
Key Largo, Montego,
                        F
Baby, why don't we go?
Ooh, I wanna take you down to Kokomo.
        Fm   C
We'll get there fast and then we'll take it slow.
Am   Dm   G7
    That's where we wanna go,
            C
Way down in Kokomo.   :‖   *Repeat and fade*

Listen to the Music

Words and Music by
Tom Johnston

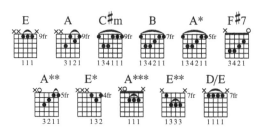

Intro | | : E | A E : | | *Play 4 times*

Verse 1

E   A E
Don't you feel it growin', day by day,

                  C#m
People gettin' ready for the news.

      B   A*
Some are happy, some are sad.

                   E   A E
Oh, we got to let the music play.

Verse 2

E   A   E
What the people need is a way to make 'em ___ smile,

                      C#m
It ain't so hard to do if you know how.

      B   A*
Gotta get a message, get it on through,

                          E
Oh, now, mama's go'n' to after 'while.

Chorus 1

       C#m   A*
Oh, oh, listen to music,
       C#m   A*
Oh, oh, listen to the music,
       C#m   A*
Oh, oh, listen to music,
               F#7 A** E* A*** E* A** E* A*** E*
All the time.

Interlude

‖: E | A   E :‖

Verse 3

E   A   E
Well, I know you know better ev'rything I say,
                C#m
Meet me in the country for a day.
       B   A*
We'll be happy and we'll dance,
                      E A E
Oh, we're gonna dance the blues a - way.

Verse 4

            E   A   E
And if I'm feelin' good to you and you're feelin' good to me,
                       C#m
There ain't nothin' we can't do or say.
       B   A*
Feelin' good, feelin' fine,
                     E
Oh, baby, let the music play.

Chorus 2

Repeat Chorus 1

Bridge

E**   D/E
  Like a lazy flowing river
A*   E**
   Surrounding castles in the sky.
                  D/E
And the crowd is growing bigger,
A*
List'nin' for the happy sounds, and I got to let them fly.

Outro-Chorus

Repeat Chorus 1 and fade

Lodi

Words and Music by
John Fogerty

Melody:

Just a - bout a year a - go

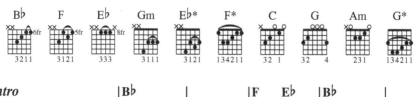

| Bb | F | Eb | Gm | Eb* | F* | C | G | Am | G* |

Intro |Bb | | |F Eb |Bb | |

Verse 1

Bb   Eb   Bb
Just about a year ago I set out on the road,

                    Gm
Seekin' my fame and for - tune,

    Eb*   F
An' lookin' for a pot of gold.

Bb   Gm
Things got bad and things got worse,

    Eb*   Bb
I guess you know the tune.

              F   Eb*
Oh, Lord, I'm stuck in Lodi a - gain.

Verse 2

Bb   Eb   Bb
    A rode in on a Greyhound, well, I'll be walkin' out if I go.

                    Gm
I was just passin' through,

    Eb*   F
Must be seven months or more.

Bb   Gm
Ran out of time and mon - ey;

Eb*   Bb
Looks like they took my friends.

              F   Eb* Bb
Oh, Lord, I'm stuck in Lodi a - gain.

Interlude 1 | Bb | | | Eb | Bb | |
| | | | F Eb | Bb | |

Verse 3
```
          Bb                    Eb              Bb
The man from the magazine said I was on my way.

                    Gm
Somewhere I lost connec - tions,

  Eb*              F
I ran out of songs to play.

  Bb          Gm
I came into town a one night stand,

Eb*                  Bb
Looks like my plans fell through.

          F           Eb*   Bb
Oh, Lord, stuck in Lodi a - gain.
```

Interlude 2 | F* | C | G | C | | |

Mm.

Verse 4
```
  C                    F*            C
If I only had a dollar for ev'ry song I sung,

                Am
Ev'ry time I've had to play

        F*                G*
While people sat there drunk.

        C                Am
You know I'd catch the next ___ train

F*            C
Back to where I live.

            G*         F*  C
Oh, Lord, I'm stuck in Lodi a - gain.

            G*         F*  C
Oh, Lord, I'm stuck in Lodi a - gain.
```

Outro ‖: C | | F* | C | |
| | | G* F* | C | :‖ *Repeat and fade*

Losing My Religion

Words and Music by William Berry,
Peter Buck, Michael Mills and Michael Stipe

Melody:

Oh, ____ life ____ is big-ger, ____

F   Fsus2   G   Am   Em   Em*   E♭m   Dm   C   G*

Intro

|F   Fsus2   F | G   Am | | |
|F   Fsus2   F | G   Am | G | |

Verse 1

          Am   Em
Oh, life ____ is bigger,   it's bigger than you,

                    Am
And you are not ____ me.

                              Em
The lengths that I will go ____ to.

                              Am
The distance in your eyes.

Em   Em* E♭m   Dm
  Oh no, I said too _____ much.

              G   Am
I set it up. ____ That's me in the cor - ner.

                          Em   Am
That's me in the spot - light, losing my reli - gion,

                    Em
Trying to keep ____ up with you.

              Am
And I don't ____ know if I can do it.

Em   Em* E♭m   Dm
  Oh no, I've said too _____ much.

                            G
I haven't said enough.

```
                    G                               F   Fsus2
Chorus 1            I thought that I heard you laugh - ing.

                    F          G        Am
                    I thought that I heard you sing.

                     F               Fsus2  F     G  Am G
                    I think I thought ___ I ___ saw you try.


                           Am                    Em
Verse 2             Ev'ry whis - per of ev'ry waking hour

                                     Am
                    I'm choosing my confes - sions,

                           Em
                    Trying to keep ___ an eye on you,

                          Am
                    Like a hurt ___ lost and blinded fool, fool.

                    Em              Em* E♭m      Dm
                     Oh no, I've said too _____ much.

                            G                Am
                    I set it up. ___ Consider this.

                                 Em
                    Consider this the hint of the century.

                            Am              Em
                    Consider this ___ the slip that brought me to my knees, failed.

                    Am                      Em
                    What if all these fantasies come   flailing around?

                    Em* E♭m Dm          G
                    Now  I've  said too much.


Chorus 2            Repeat Chorus 1

Interlude           |Am       |G       |F        |G         |

                          C                 Am
                    But that was just a dream.

                    C
                    That was just a dream.
```

Verse 3

```
            G* Am   G*   Am
That's me in the cor - ner.

                     Em
That's me in the spot - light,

               Am
Losing my reli - gion,

                Em
Trying to keep ____ up with you.

            Am
And I don't ____ know if I can do it.
Em               Em* E♭m      Dm
   Oh no, I've said too _____ much.
                         G
I haven't said enough.
```

Chorus 3

```
   G                           F   Fsus2
I thought that I heard you laugh - ing.

F          G        Am
I thought that I heard you sing.

    F            Fsus2  F    G  Am
I think I thought ____ I ____ saw you try.

       F          Fsus2  F
But that was just ____ a dream.

G      Am
   Try. ____ Cry. Why try?

F            Fsus2  F
That was just ____ a dream.

G    Am          G
Just a dream, just a dream, dream.
```

Outro

```
‖: Am      |        |        |        :‖
```

Patience

Words and Music by W. Axl Rose,
Slash, Izzy Stradlin', Duff McKagan and
Steven Adler

Melody:

Shed a tear 'cause I'm miss-in' ___ you, _

Tune down 1/2 step:
(low to high) E♭-A♭-D♭-G♭-B♭-E♭

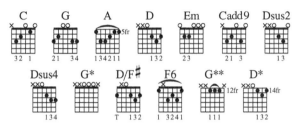

C   G   A   D   Em   Cadd9   Dsus2

Dsus4   G*   D/F♯   F6   G**   D*

Intro

‖: C | |G | |
|A | |D | | :‖
|C |G |C |Em |
|C |G |D | |

Verse 1

      C   G
Shed a tear 'cause I'm missin' you,   I'm still alright to smile.

A   D
Girl, I think about you ev'ry day ___ now.

C   G
Was a time when I wasn't sure but you   set my mind at ease.

A   D
There is no doubt you're in my heart ___ now.

Chorus 1

Cadd9   G   C   Em
Said, woman, take it slow, it'll work itself out fine.

C   G   D   Dsus2 D Dsus4 D Dsus2 D
All we need is just a little pa - tience.

Cadd9   G   C   Em
Said, Sugar, make it slow and we come together fine.

C   G   D   Dsus2 D Dsus4 D Dsus2 D
All we need is just a little pa - tience.

Dsus2 D   Dsus4 D   Dsus2 D
     Whispered: Pa - tience.

Dsus2 D Dsus4 D Dsus2 D   Dsus2 D Dsus4 D Dsus2 D
Mm, _____ yeah.

Verse 2

C   G
I sit here on the stairs 'cause I'd   rather be alone.

A   D
If I can't have you right now I'll wait, ___ dear.

C   G
Sometimes I get so tense but I can't speed up the time.

    A   D
But you know, love, there's one more thing to consid - er.

Chorus 2

Cadd9   G   C   Em
Said, woman, take it slow and things will be just fine.

C   G   D   Dsus2 D Dsus4 D Dsus2 D
You and I'll just use ___ a little pa - tience.

Cadd9   G   C   Em
Said, Sugar, take the time 'cause the lights are shining bright.

C   G   D   Dsus2 D Dsus4 D
You and I've got what ___ it takes to make ___ it.

Dsus2 D   Dsus2 D Dsus4 D   Dsus2   D
  We won't fake it,   ah, ___ I'll never break it

Dsus2 D Dsus4 D Dsus2 D   Dsus2 D Dsus4 D G* C
                   'Cause I can't take it.

Guitar Solo *Repeat Chorus 1 (Instrumental)*

Outro   ‖: D D/F♯ | G   :‖

D D/F♯ G   D   D/F♯ G
   Little patience, mm, yeah,   mm, yeah.

                  D   D/F♯ G   D   D/F♯ G
Need a little pa - tience, yeah, ___ just a little pa - tience, yeah.

D   D/F♯   G
   I been walkin' the streets ___ at night   just tryin' to get it right.

D   D/F♯
   Hard to see with so many around,

      G
You know I don't like being stuck in the crowd

        D   D/F♯
And the streets don't change but baby the name.

G   D   D/F♯
   I ain't got time for the game 'cause I need ___ you, yeah, yeah,

        G   F6
But I need ___ you, oo, I need ___ you, whoa,

        G   D   G** D*
I need ___ you, oo, this time. ___   *Ah.*

Margaritaville

Words and Music by
Jimmy Buffett

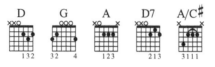

Intro |D |G |A |D | | |

Verse 1

D
    Nibblin' on sponge cake, watchin' the sun bake

                    A
All of those tourists covered with oil.

Strummin' my six string on my front porch swing.

                           D
Smell those shrimp, they're beginning to boil.

Chorus 1

G   A   D   D7
    Wastin' a - way again in Marga - ritaville,

G   A   D D7
    Searchin' for my ___ lost shaker of salt.

G   A   D   A/C#   G
    Some people claim ___ that there's a wom - an to blame,

           A   D
But I know ___ it's nobody's fault.

Verse 2

D
    Don't know the reason I stayed here all season

                       A
With nothing to show but this brand-new tattoo.

But it's a real beauty, a Mexican cutie,

                  D
How it got here I haven't a clue.

Chorus 2

```
          G          A              D    D7
          Wastin' a - way again in Marga - ritaville,

          G            A                D  D7
          Searchin' for my ___ lost shaker of salt.

          G              A            D    A/C♯    G
          Some people claim ___ that there's a wom - an to blame,

                    A                      D
          Now I think, ___ hell, it could be my fault.
```

Instrumental

```
|D        |        |        |        |
|         |        |A       |        |
|G       |A       |D   A/C♯ |G       |
|A       |        |D       |        |
```

Verse 3

```
          D
          I blew out my flip-flop, stepped on a poptop,

                                       A
          Cut my heel, had to cruise on back home.


          But there's booze in the blender, and soon it will render

                                              D
          That frozen concoction that helps me hang on.
```

Chorus 3

```
          G          A              D    D7
          Wastin' a - way again in Marga - ritaville,

          G            A                D  D7
          Searchin' for my ___ lost shaker of salt.

          G              A            D    A/C♯    G
          Some people claim ___ that there's a wom - an to blame,

                    A                      D
          But I know ___ it's my own damn fault.

                G              A         D    A/C♯    G
          Yes, and   some people claim ___ that there's a wom - an to blame,

                    A                    D    G   A   D
          And I know ___ it's my own damn fault.
```

Norwegian Wood
(This Bird Has Flown)

Words and Music by John Lennon
and Paul McCartney

Melody:

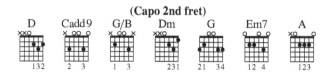

Intro

‖: D | | Cadd9 G/B | D :‖

Verse 1

D
I once had a girl,

Or should I say
Cadd9   G/B D
She once had me?

She showed me her room,

Isn't it good,
Cadd9 G/B D
Norwe - gian wood?

Bridge 1

    Dm   **G**
She asked me to stay and she told me to sit anywhere.
    Dm   **Em7   A**
So I looked around and I noticed there wasn't a chair.

GUITAR CHORD SONGBOOK

Verse 2

    D
I sat on a rug

Biding my time,
Cadd9 G/B D
Drinking her wine.

We talked until two,

And then she said,
Cadd9   G/B D
"It's time for bed."

Interlude   ‖: D | | Cadd9 G/B |D   :‖

     Dm   **G**
Bridge 2   She told me she worked in the morning and started to laugh.
     Dm   **Em7 A**
I told her I didn't and crawled off to sleep in the bath.

    D
Verse 3   And when I awoke

I was alone,
Cadd9   G/B D
This bird had flown.

So I lit a fire,

Isn't it good,
Cadd9 G/B D
Norwe - gian wood?

Outro |D | | Cadd9 G/B |D

Peace Train

Words and Music by
Cat Stevens

Melody:

Now I've been _ hap - py late - ly,

C   Dm   Em   F   C*   G   Am   Fadd9   Asus4   Asus2   G7

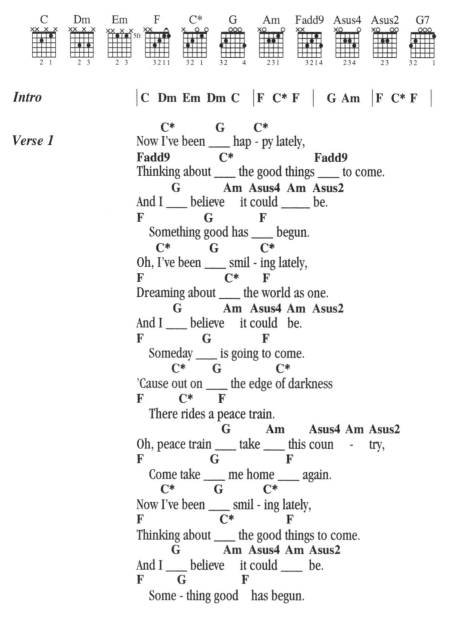

Intro

| C Dm Em Dm C | F C* F | G Am | F C* F |

Verse 1

         C*   G   C*
Now I've been ___ hap - py lately,
Fadd9   C*   **Fadd9**
Thinking about ___ the good things ___ to come.
         G   Am Asus4 Am Asus2
And I ___ believe   it could ____ be.
F   G   F
  Something good has ___ begun.
         C*   G   C*
Oh, I've been ___ smil - ing lately,
F   C*   F
Dreaming about ___ the world as one.
         G   Am Asus4 Am Asus2
And I ___ believe   it could be.
F   G   F
  Someday ___ is going to come.
         C*   G   C*
'Cause out on ___ the edge of darkness
F   C*   F
  There rides a peace train.
               G   Am   Asus4 Am Asus2
Oh, peace train ___ take ___ this coun   -   try,
F   G   F
  Come take ___ me home ___ again.
         C*   G   C*
Now I've been ___ smil - ing lately,
F   C*   F
Thinking about ___ the good things to come.
         G   Am Asus4 Am Asus2
And I ___ believe   it could ___ be.
F   G   F
  Some - thing good   has begun.

Chorus 1

   C Dm Em Dm C
Well, peace train, sounding loud - er.

F C*   F
Glide on the peace ___ train.

    G Am F   G   F
Ooh, ___ oo, come on ___ the peace ___ train.

     C Dm Em Dm C
'Cause peace train, holy roll - er,

F   C*   F
Ev'ryone jump upon the peace train.

   G Am F   G F
Oo, ___ oo, come on the peace train.

Verse 2

C*   G   C*
Get your ___ bags ___ together.

F C*   F
Go, bring your good friends, too.

       G Am
Uh, 'cause it's ___ get - ting nearer,

F   G   F
 It soon ___ will be with you.

    C*   G   C*
And come and ___ join ___ the living,

F   C*   F
 It's not so far ___ from you.

     G Am
And it's ___ get - ting nearer,

F   G   F
 Soon it ___ will all ___ be true.

Chorus 2

```
             C    Dm  Em     Dm  C
Oh, peace train, sounding loud - er.

F    C*          F
Glide on the peace ___ train.

       G7 Am  F     G      F
Ooh, ___ oo,    come on the peace train, peace train.
```

Interlude 1

```
| C*        | F         | G7    Am        |
    Oh!         Oo, __ hoo, ___ hoo.

| F      G     F         |
  Oo, hoo, hoo, hoo, hoo.
```

Verse 3

```
       C*        G      C*
Now, I've been ___ cry - ing lately,

F                  C*        F
  Thinking about ___ the world ___ as it is.

          G       Am    Asus4 Am   Asus2
Why must ___ we go ___ on hat  -    ing,

F    G      F
  Why can't we live in bliss?

       C*      G        C*
'Cause out on ___ the edge of darkness

F      C*          F
  There rides a peace ___ train.

          G7       Am
Oh, peace train ___ take ___ this country,

F     G7            F
  Come take me home ___ again.
```

Chorus 3

```
C    Dm Em      Dm   C
Peace train, sounding loud - er.

F    C*          F
Glide on the peace ___ train.

      G  Am F        G7          F
Ooh, ___ oo,    come on ___ the peace ___ train.

       C     Dm Em Dm  C
'Cause peace train, holy roll - er,

F      C*        F
Ev'ryone jump upon the peace train.

    G7 Am  F          G            F
Oo, ___ oo,   (Come on, ___ come on, come on.)

                G7        Am      F          G7
Yes, come on ___ peace ___ train, ___ yes, it's ___ the peace.

  C    Dm Em Dm C F C* F
(Train.

         G       Am     Asus4 Am
Oo, wa, ___ ee, ___ ah, oo,    wa.)

F      G          F
   Come on the peace ___ train, oh, peace train.
```

Interlude 2 |C* |F C* F | G7 Am |⅜F   C* F |
                             Oo, _____ oo.

‖: F   :‖ *Play 9 times*

Outro |⅜C* |G   F |
            |C*   Am |Em   F G |
            |C*   Am |Em   F G | *Fade out*

People Get Ready

Words and Music by
Curtis Mayfield

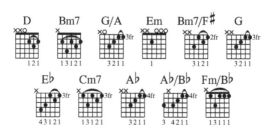

Intro

‖: D   Bm7 │G/A   D   :‖

Verse 1

D   Bm7   G/A   D
People get ready, there's a train a coming.

           Bm7   G/A   D
You don't need no baggage, you just get on board.

         Bm7   G/A   D
All you need is faith to hear the diesels humming.

Bm7/F#   Em   G/A   D   Bm7 G D
Don't need no ticket, you just thank the Lord.

Verse 2

D   Bm7   G/A   D
So people get ready for the train to Jordan,

        Bm7   G/A   D
Picking up passengers coast to coast.

        Bm7   G/A   D
Faith is the key, open the doors and board 'em.

Bm7/F#   Em   G/A   D
There's hope for all among the loved the most.

Interlude   D   Bm7 | G   D |
                     Eb   Cm7 | Ab Eb |

Verse 3

    Eb   Cm7   Ab/Bb   Eb
There ain't no room_____ for the hopeless sinner,
         Cm7   Ab/Bb Eb
Who would hurt all mankind just to save his own. Believe me now.
      Cm7   Ab/Bb   Eb
Have pity on those whose_____ chances grow thinner,
         Cm7   Fm/Bb   Ab/Bb   Eb
For there's no hiding place against the kingdom's throne.

Verse 4

    Eb   Cm7   Ab/Bb Eb
So people get ready there's a train a coming.
           Cm7   Ab/Bb Eb
You don't need no baggage, you just get on board!
         Cm7   Ab/Bb Eb
All you need is faith to hear the diesels hummin'.
   Cm7   Fm/Bb   Ab/Bb   Eb
Don't need no ticket, you just thank the Lord!

Outro   Eb Cm7 | Ab/Bb Eb ‖

Photograph

Lyrics by Chad Kroeger
Music by Nickelback

Melody:

Look at this pho - to - graph, ___ ev-'ry time I do it

Tune down 1/2 step:
(low to high) Eb-Ab-Db-Gb-Bb-Eb

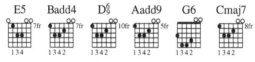

E5   Badd4   D§   Aadd9   G6   Cmaj7

Intro

      E5   **Badd4**
Look at this photograph,

                                D§
Ev'ry time I do it makes me laugh.

                         Aadd9
How did our eyes get so red,

                            E5
And what the hell is on Joey's head?

Verse 1

E5   **Badd4**
And this is where I grew up,

                                  D§
I think the present owner fixed it up.

                                    Aadd9
I never knew we ever went without,

                                      E5
The second floor is hard for sneakin' out.

                                 Badd4
And this is where I went to school,

                                 D§
Most of the time, had better things to do.

                                  Aadd9
Criminal record says I broke in twice,

                                  E5
I must have done it half a dozen times.

                             Badd4
I wonder if it's too late,

                                 D§
Should I go back and try to graduate?

                                  Aadd9
Life's better now then it was back then,

                               G6
If I was them I wouldn't let me in.

                     Aadd9
Oh, whoa, whoa,   oh, God, I, I...

Chorus 1

     E5
Ev'ry memory of looking out the back door,
    Badd4
I have a photo album spread out on my bedroom floor.
   D§   **Aadd9**
It's hard to say it, time to say it, goodbye, goodbye.
   E5
Ev'ry memory of walking out the front door.
    Badd4
I found the photo of a friend that I was looking for.
   D§
It's hard to say it, time to say it,
Aadd9   **E5 Badd4 G6 Aadd9**
 Goodbye, goodbye.   Goodbye.

Verse 2

E5   **Badd4**
 Remember the old arcade?
         D§
Blew ev'ry dollar that we ever made.
         Aadd9
The cops hated us hangin' out
           E5
They say somebody went and burned it down.
        Badd4
We used to listen to the radio
          D§
And sing along with ev'ry song we'd know.
          Aadd9
We said someday we'd find out how it feels
          E5
To sing to more than just the steering wheel.
       Badd4
Kim's the first girl I kissed,
         D§
I was so nervous that I nearly missed.
          Aadd9
She's had a couple of kids since then,
          G6
I haven't seen her since God knows when.
      Aadd9
Oh, whoa, whoa, oh, God, I, I...

                    GUITAR CHORD SONGBOOK

Chorus 2

       E5
Ev'ry memory of looking out the back door,

        Badd4
I have a photo album spread out on my bedroom floor.

      D§   **Aadd9**
It's hard to say it, time to say it,   goodbye, goodbye.

      E5
Ev'ry memory of walking out the front door.

        Badd4
I found the photo of a friend that I was looking for.

     D§
It's hard to say it, time to say it,

Aadd9   **Cmaj7** **D§**
   Goodbye, goodbye.

Bridge

E5   **Badd4**   **G6**
  I miss that town, ____ I miss their fac - es.

           Aadd9   **E5**
You can't erase, ____ you can't replace ____ it.

        Badd4   **G6**
I miss it now, ____ I can't believe ____ it.

         Aadd9   **E5**
So hard to stay, ____ too hard to leave ____ it.

             Badd4
If I could relive those days,

                           D§
I know the one thing that would never change.

	E5
Chorus 3	Ev'ry memory of looking out the back door,

Badd4

I have a photo album spread out on my bedroom floor.

D§   **Aadd9**

It's hard to say it, time to say it,   goodbye, goodbye.

E5

Ev'ry memory of walking out the front door.

Badd4

I found the photo of a friend that I was looking for.

D§

It's hard to say it, time to say it,

Aadd9   **E5**

  Goodbye, goodbye.

                                  Badd4

Look at this photograph.

                                  D§

Ev'ry time I do, it makes me laugh.

                                  Aadd9

Ev'ry time I do it makes me…

Rhythm of Love

Words and Music by
Tim Lopez

Melody:

My head is stuck in the clouds.

(Capo 8th fret)

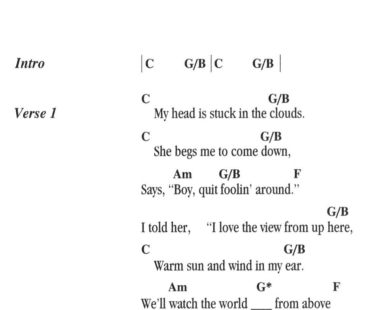

C   G/B   Am   F   G   G*   C7   E7   E

Intro | C   G/B | C   G/B |

Verse 1

C   G/B
My head is stuck in the clouds.

C   G/B
She begs me to come down,

         Am   G/B   F
Says, "Boy, quit foolin' around."

                                  G/B
I told her,   "I love the view from up here,

C   G/B
Warm sun and wind in my ear.

         Am   G*   F
We'll watch the world ____ from above

                  G   C   C7
As it turns ____ to the rhythm of ____ love."

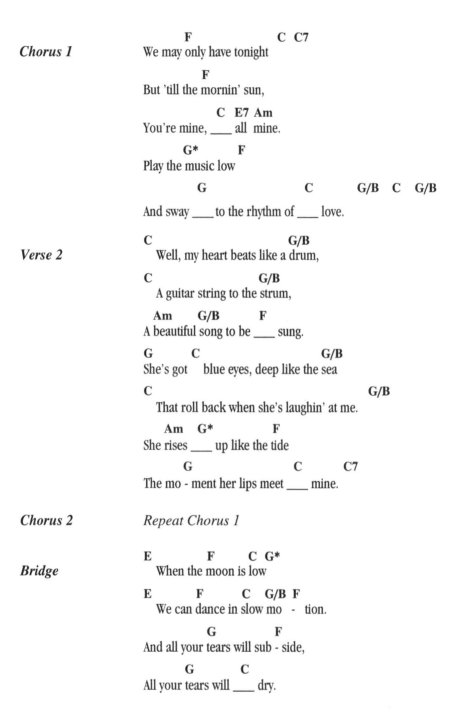

Chorus 1

```
            F                    C  C7
      We may only have tonight

                F
      But 'till the mornin' sun,

                   C  E7 Am
      You're mine, ___ all  mine.

            G*        F
      Play the music low

                 G                C       G/B   C   G/B
      And sway ___ to the rhythm of ___ love.
```

Verse 2

```
      C                        G/B
        Well, my heart beats like a drum,

      C                  G/B
        A guitar string to the strum,

        Am    G/B      F
      A beautiful song to be ___ sung.

      G     C                      G/B
      She's got    blue eyes, deep like the sea

      C                                    G/B
        That roll back when she's laughin' at me.

          Am  G*          F
      She rises ___ up like the tide

              G                C       C7
      The mo - ment her lips meet ___ mine.
```

Chorus 2

Repeat Chorus 1

Bridge

```
      E        F       C G*
        When the moon is low

      E       F       C   G/B F
        We can dance in slow mo  -  tion.

                 G          F
      And all your tears will sub - side,

              G        C
      All your tears will ___ dry.
```

Verse 3

```
         C                    G/B
‖: Ba, ba. (Ba, ba.) Ba, ba.
   C                        G/B
   Ba, ba. (Ba, ba.) Ba, ba.
   Am       G/B          F      G
   Da, da, da, dum, da, da, ___ dum.  :‖
   C                    G/B
   And long after I've gone
   C                            G/B
   You'll still be hummin' along
     Am        G*        F
   And I will keep you in my ___ mind,
     G                  C      N.C.
   The way you make love so ___ fine.
```

Chorus 3

```
          F                 C  C7
   We may only have tonight
            F
   But 'till the mornin' sun,
                  C  E7  Am
   You're mine, ___ all  mine.
          G*        F
   Play the music low
            G                 C
   And sway ___ to the rhythm of ___ love.
   G/B  Am        G*        F
   Oh, ___ play the music low
            G                 C       G/B
   And sway ___ to the rhythm of ___ love.
   C                 G/B      C    G/B  C
   Yeah, sway to the rhythm of ___ love.
```

She Talks to Angels

Words and Music by
Chris Robinson and Rich Robinson

Melody:

She nev-er men - tions the word   ad - dic-tion

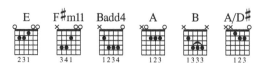

E   F#m11   Badd4   A   B   A/D#

231   341   1234   123   1333   123

Intro

‖: N.C. | E :‖

| F#m11 E F#m11 E | |

| F#m11 E F#m11 E | N.C. |

| E F#m11 E F#m11 E | N.C. |

| E F#m11 E F#m11 E | |

                         E   F#m11 E F#m11 E

Verse 1   She never mentions the word ad - diction

                      F#m11   E   F#m11   E

In certain company.

                           F#m11   E   F#m11   E

Yes, she'll tell you she's an orphan

                    F#m11   E   F#m11   E

After you meet her family.

‖: Badd4   A | | E F#m11 E F#m11 E | :‖

| F#m11 E F#m11 E | |

GUITAR CHORD SONGBOOK

Verse 2
                      E   F#m11 E F#m11 E
She paints her eyes as black as night, now.

                    F#m11 E F#m11 E
Pulls those shades down tight.

                          F#m11 E F#m11 E
Yeah, she gives a smile when the pain comes.

                      F#m11 E F#m11 E
The pain gonna make ev'rything alright.

Chorus 1
                  B   A
She says she talks to angels,

                 E   F#m11 E F#m11 E
They call her out by ___ her name.

                  B   A
Oh yeah, she talks to angels,

                 E   F#m11 E F#m11 E
Says they call her out by ___ her name.

| | F#m11 E F#m11 E | |

Verse 3
                      E   F#m11 E F#m11 E
She keeps a lock of hair in her pocket.

                      F#m11 E F#m11 E
She wears a cross around her neck.

                    F#m11 E F#m11 E
Yes, the hair is from a little boy,

And the cross is someone
                F#m11 E F#m11 E
She has not met,   not yet.

	B A
Chorus 2	She says she talks to angels,

Chorus 2

                  B   **A**
She says she talks to angels,

                           E   **F#m11 E F#m11 E**
She says they all know ___ her name.

                   B   **A**
Oh yeah, she talks to angels,

                           E   **F#m11 E F#m11 E**
Says they call her out by ___ her name.

Bridge

    A A/D#   **A**   **E**
    She don't know no lover,

    A   **A/D#** **A**   **E**
    None that I ever seen.

    A   **A/D#** **A**   **E**
    And to her that ain't noth - in',

             A
    But to me   it means, means ev'rything.

Interlude

E **F#m11 E F#m11 E**		**F#m11 E F#m11 E**
N.C.	**E F#m11 E F#m11 E**	**N.C.**
E **F#m11 E F#m11 E**	

Verse 4   *Repeat Verse 2*

Chorus 3   *Repeat Chorus 2*

Outro

      B   **A**   **E**   **F#m11 E F#m11 E**
Oh, angels,   they call her out by ___ her name.

                B   **A**
Oh, she talks to angels,   they call her out,

  B   **A**
    Yeah, yeah, ___ they call her out,

  B   **A**
    Don't you know that they call her out

    E   **F#m11 E F#m11 E**
By ___ her name.

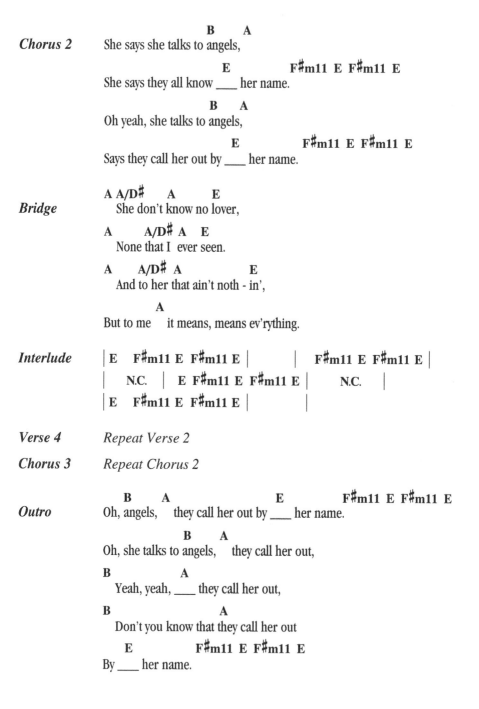

Small Town

Words and Music by
John Mellencamp

Well, I was born in a small ___ town. _

(Capo 4th fret)

Intro
‖: G D/A C │ D │ G D/A C │ D :‖

Verse 1

G   D/A   C   D
Well, I was born in a small town.

G   D/A   C   D
And I live ___ in a small town.

G   D/A   C
Prob'bly die in a small town.

            Am   D/F#
Oh, those small communities.

G   D/A   C   D
All my friends are so small town.

G   D/A   C   D
My parents live in the same small town.

G   D/A   C
My job ___ is so small town.

          Am   D
Provides little opportunity. ___ Hey!

│ G   D/A C │ D │ G D/A C │ D │

```
G        D/A  C       D
Educated in a   small town.

G               D/A     C       D
Taught the fear of Je - sus in a small town.

G           D/A  C
Used to daydream ___ in that small town.

   Am                      D/F♯
An - other boring romantic, that's me.

      G      D/A   C       D
But I've seen it all ___ in a small town.

G          D/A   C       D
   Had myself a ball in a small town.

G        D/A       C
   Married an L.A. doll and brought her to this small town,

       Am       Asus2 Am      D7  D7sus4  D7  D7sus4
Now's she's small town,       just like me.
```

| D7   D7sus4   D7   D7sus4 |

```
     C        G          C          G
No, I cannot for - get from where it is that I come from.

     C     G          D
I can - not forget the people who love me.

          C      G      C       G
Yeah, I com - plete my - self, yeah, in this small town.

     C          G          D        G D/A  C
And people let me be just what I want to be.

     D      G    D/A  C
Ooh, my, my, ___ my, yeah.

     D
Ooh, yeah, yeah, yeah.
```

Em		G C	G	
Em		G D		
Em		G C	G D	
Dsus4	D			G

Verse 3

      G5   **D5**   **Csus2**
      Got nothing a - gainst the big town.

          G5   **D5**
Spoken: *Still hayseed e - nough to say,*

Csus2
"Look who's in the big town."

G5   **D5**   **Csus2**
      But my bed ___ is in a small town.

              Am   **D**
Oh, and that's good enough for me.

G   **D/A**   **C**
      Well, I was born in a small town.

G   **D/A**   **C**
      And I can breathe ___ in a small town.

G   **D/A**   **C**
      Gonna die ___ in a small town.

            Am
Aw, that's prob'bly where they'll bury me. *Yeah!*

Outro

|G   D/A C |

        D   **G D/A C**
Ooh, ___ yeah, yeah, yeah.

D   **G**   **D/A C**
      Ha, be yeah.

        D G   **D/A**   **C**
Ooh, ___ yeah, yeah, yeah, yeah, yeah.

        D   **G D/A C**
Yeah, yeah, yeah, yeah.

| **D** |**G**   **D/A C** | **D** |**G**   **D/A C** |
| **D** |**G**   **D/A C** | | ‖

Shelter from the Storm

Words and Music by
Bob Dylan

Melody:

'Twas in an-oth-er life-time,

Open E tuning:
(low to high) E-B-E-G#-B-E

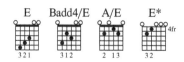

E   Badd4/E   A/E   E*

3 2 1   3 1 2   2 1 3   3 2

Intro   ‖: E | | | :‖

             E   Badd4/E A/E   E
Verse 1   'Twas in another life - time,   one of toil and blood,

                           Badd4/E   A/E
          When blackness was a vir - tue and the road ___ was full of mud.

          E   Badd4/E A/E
          I came in from the wild - erness, a creature void of form.

              E   Badd4/E
          "Come in," she said, "I'll give ___ ya

          A/E   E   Badd4/E A/E E   Badd4/E A/E E
          Shelter from the storm."

              E   Badd4/E A/E   E
Verse 2   And if I pass this way ___ again, you can rest assured

                      Badd4/E   A/E
          I'll always do my best ___ for her, on that I give my word,

                E   Badd4/E   A/E
          In a world ___ of steel-eyed death, and men who are fighting to be warm.

              E   Badd4/E
          "Come in," she said, "I'll give ___ ya

          A/E   E   Badd4/E A/E E
          Shelter from the storm."

GUITAR CHORD SONGBOOK

Verse 3

```
         E                 Badd4/E              A/E          E
Not a word was spoken be - tween us, there was little risk involved.

              Badd4/E              A/E
Everything up to that point had been left unresolved.

      E          Badd4/E          A/E
Try imagin - ing a place where it's always safe and warm.

          E              Badd4/E
"Come in," she said, "I'll give ___ ya

A/E           E      Badd4/E A/E E   Badd4/E A/E  E
Shelter from the storm."
```

Verse 4

```
            E                  Badd4/E A/E           E
I was ___ burned out from ex - haustion,  buried in the hail,

              Badd4/E          A/E
Poisoned in the bushes and blown out on the trail,

      E             Badd4/E   A/E
Hunted like a croc - odile, rav - aged in the corn.

          E              Badd4/E
"Come in," she said, "I'll give ___ ya

A/E           E      Badd4/E A/E E   Badd4/E A/E  E
Shelter from the storm."
```

Verse 5

```
      E              Badd4/E           A/E           E
Suddenly I turned ___ around and she ___ was standing there

              Badd4/E          A/E
With silver bracelets on her wrists and flowers in her hair.

        E               Badd4/E      A/E
She walked up to me so gracefully and took my crown of thorns.

          E              Badd4/E
"Come in," she said, "I'll give ___ ya

A/E           E      Badd4/E A/E E   Badd4/E A/E  E
Shelter from the storm."
```

Verse 6

E   **Badd4/E**   **A/E**   **E**
Now there is a wall be - tween us, somethin' there's been lost.

                        Badd4/E   **A/E**
I took too much for grant - ed, I got ___ my signals crossed.

E   **Badd4/E**   **A/E**
Just to think that it all ___ began on a non-eventful morn.

               E   **Badd4/E**
"Come in," she said, "I'll give ___ ya

A/E   **E**   **Badd4/E A/E E Badd4/E A/E E**
Shelter from the storm."

Verse 7

             E   **Badd4/E**   **A/E**   **E**
Well, the deputy walks on hard nails and the preacher rides a mount,

                    Badd4/E   **A/E**
But nothing really mat - ters much, it's doom alone that counts.

             E   **Badd4/E A/E**
And the one eyed under - taker, he   blows a futile horn.

             E   **Badd4/E**
"Come in," she said, "I'll give ___ ya

A/E   **E**   **Badd4/E A/E E Badd4/E A/E E**
Shelter from the storm."

Verse 8

E   **Badd4/E**   **A/E**   **E**
I've heard newborn ba - bies wailin' like a mournin' dove

                    Badd4/E   **A/E**
And old men with broken teeth strand - ed without love.

          E   **Badd4/E**   **A/E**
Do I understand your ques - tion, man? Is it hopeless and forlorn?

          E   **Badd4/E**
"Come in," she said, "I'll give ___ ya

A/E   **E**   **Badd4/E A/E E Badd4/E A/E E**
Shelter from the storm."

Verse 9
```
        E           Badd4/E        A/E                 E
In a little hill top vil - lage, they gam - bled for my clothes.
                Badd4/E        A/E
I bargained for salva - tion and she give me a lethal dose.
    E           Badd4/E   A/E
I offered up my innocence I got repaid with scorn.
        E                   Badd4/E
"Come in," she said, "I'll give ___ ya
A/E             E       Badd4/E A/E  E   Badd4/E A/E  E
Shelter from the storm."
```

Verse 10
```
            E               Badd4/E    A/E                     E
Well, I'm livin' in a foreign coun - try but I'm bound to cross the line.
            Badd4/E            A/E
Beauty walks a ra - zor's edge, some - day I'll make it mine.
        E           Badd4/E              A/E
If I could only turn back ___ the clock to when God and her were born.
        E                   Badd4/E
"Come in," she said, "I'll give ___ ya
A/E             E       Badd4/E A/E  E  Badd4/E A/E
Shelter from the storm."
```

Outro
```
||: E    | Badd4/E | A/E  |              :||  Play 6 times
|  E      | Badd4/E | A/E  | E*           |
```

Take It Easy

Words and Music by
Jackson Browne and
Glenn Frey

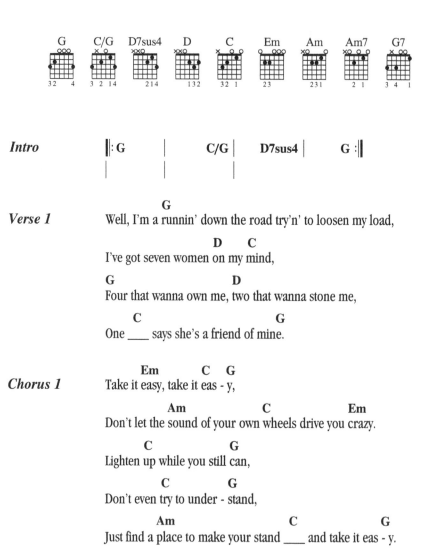

Intro

‖: G | | C/G | D7sus4 | G :‖
| | |

Verse 1

              G
Well, I'm a runnin' down the road try'n' to loosen my load,
                 D   C
I've got seven women on my mind,
G   D
Four that wanna own me, two that wanna stone me,
         C   G
One ___ says she's a friend of mine.

Chorus 1

         Em   C G
Take it easy, take it eas - y,
             Am   C   Em
Don't let the sound of your own wheels drive you crazy.
           C   G
Lighten up while you still can,
           C   G
Don't even try to under - stand,
           Am   C   G
Just find a place to make your stand ___ and take it eas - y.

Verse 2

          G
Well, I'm a standin' on a corner in Winslow, Arizona;

              D   **C**
It's such a fine sight to see.

     G   **D**
It's a girl, my Lord, in a flatbed Ford

        C   **G**
Slowin' down to take a look at me.

          Em   **D**   **C** **G**
Come on, baby, (Ba - by.) don't say may - be,

        Am   **C**   **Em**
I gotta know if your sweet love is gonna save ___ me.

       C   **G**
We may lose and we may win,

          C   **G**
But we will never be here a - gain,

         Am   **C**
So open up, I'm climbin' in,

         G
So take it eas - y.

Guitar Solo

G			D	C		
G	D		C		G	
Em	D		C	G		
Am	C		Em		D	

Verse 3

       G
Well, I'm a runnin' down the road try'n' to loosen my load,

         D **Am7**
Got a world of trouble on my mind.

     G   **D**
Look - in' for a lover who won't blow my cover,

     C   **G**
She's so hard to find.

Chorus 2

      Em   **C** **G**
Take it easy, take it eas - y,

       Am   **C**   **Em**
Don't let the sound of your own wheels make you crazy.

      C   **G**   **C** **G**
Come on, baby, (Ba - by.) don't say may - be,

      Am   **C**   **G**
I gotta know if your sweet love is gonna save me.

Outro

     C
‖: (Ooh, ooh, ooh, ooh, ooh, ooh.

G
Ooh, ooh, ooh, ooh, ooh, ooh.) :‖

     C
(Ooh, ooh, ooh, ooh, ooh, ooh.)

       G **G7** **C**
Oh, we got it eas - y.

         G **G7 C Em**
We ought to take it eas - y.

Uncle John's Band

Words by Robert Hunter
Music by Jerry Garcia

Melody:

Well, the first days _ are _ the hard-est days, _

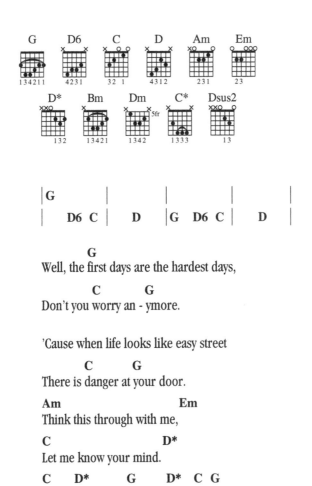

Intro

| G | | | | | |
| | D6 C | D | G D6 C | D | |

Verse 1

          G
Well, the first days are the hardest days,

         C   **G**
Don't you worry an - ymore.

'Cause when life looks like easy street

         C   **G**
There is danger at your door.

Am   **Em**
Think this through with me,

C   **D***
Let me know your mind.

C   **D***   **G**   **D*** **C G**
Whoa, oh, what I want to know

   D*   **G**
Is are you kind?

Verse 2

        G
It's a buck dancer's choice my friends,

     C   G
Better take my advice.

You know all the rules by now,

      C   G
And the fire from the ice.

Am   Em
Will you come with me?

C   D*
Won't you come with me?

C   D*   G   D* C G
Whoa, oh, what I want to know,

      D*   G
Will you come with me?

Pre-Chorus 1

G   C
God damn, well, I declare,

Am   Em   D*
Have you seen the like?

     C
Their walls are built of cannonballs;

     G   D*   C   D*
Their motto is "Don't tread on me."

Chorus 1

G   C
Come hear Uncle John's band

Am   G   D*
Playing to the tide.

C
Come with me or go alone,

     G   D*   C   D*
He's come to take his children home.

| *Interlude 1* | |G D6 C | D |G Bm C | D |
| | |G Bm C | D |G Bm C | D |

Verse 3

      G
It's ___ the same story the crow told me,

      C   G
It's the only one he knows.

Like the morning sun you come,

      C   G
And like the wind you go.

Am   Em C   D*
Ain't no time to hate; ___ barely time to wait.

C   D*   G   D* C G
Whoa, oh, what I want to know,

      D*   G
Where does the time go?

Verse 4

G
   I live in a silver mine,

      C   G
And I call it Beg - gar's Tomb.

                    C   G
I got me a violin, and I beg you call the tune.

Am   Em C   D*
Anybody's choice, ___ I can hear your voice.

C   D*   G   D* C G
Whoa, oh, what I want to know,

      D*   G
How does the song go?

Chorus 2

G   C
Come hear Uncle John's band

Am   G   D*
By the river - side.

C
Got some things to talk about,

G   D*   C   D*
Here, beside the rising tide.

G   C
  Come hear Uncle John's band

Am   G   D*
Playing to the tide.

C
Come on along or go alone,

    G   D*   C   D*
He's come to take his children home.

Interlude 2

‖: ⁴⁄₄ Dm | ³⁄₄ G   C*   :‖ *Play 7 times*
| ⁴⁄₄ Dm | |

Dm
Whoa, oh, what I want to know,

C   G
  How does the song go?

Chorus 3	**N.C.** Come hear Uncle John's band by the riverside.

Got some things to talk about,

Here, beside the rising tide.

G   **C**
  Come hear Uncle John's band

Am   **G**   **D***
Playing to the tide.

C
Come on along or go alone,

       G   **D***   **C**   **D***
He's come to take his children home.

Outro

$\left| \frac{4}{4} \right.$ **Dm** |

$\left| \frac{3}{4} \right.$ **G**   **C*** $\left| \frac{4}{4} \right.$ **Dm** |
  Da, da, da, da, da,   da.

$\left| \frac{3}{4} \right.$ **G**   **C*** $\left| \frac{4}{4} \right.$ **Dm** |
  Da, da, da, da, da,   da.

$\left| \frac{3}{4} \right.$ **G**   **C*** $\left| \frac{4}{4} \right.$ **Dsus2**   ‖
  Da, da, da, da, da,   da.

Tuesday's Gone

Words and Music by
Allen Collins and
Ronnie Van Zant

Train _ roll on, _   on ___ down _ the line,

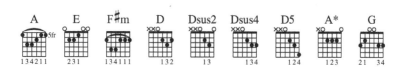

A	E	F#m	D	Dsus2	Dsus4	D5	A*	G
134211	231	134111	132	13	134	124	123	21 34

Intro
```
|A    E   |F#m  D  |A    E   |D            |
|A    E   |F#m  D  |A    E   |Dsus2        |
```

Verse 1

         A   E   F#m   D
Train roll on, ____ on down the line,

               A   E   Dsus2
Won't you   please take me far ___ a - way.

         A   E   F#m   D
Now I feel the wind blow, ____ outside my door,

               A   E   Dsus2 D Dsus4 D5
Means I'm,   I'm leavin' my woman at home,   oh yeah.

Chorus 1

        A*   G   D
Tuesday's gone with the wind.

        A*   E   Dsus2 D Dsus4 D5
Oh my baby's gone with the wind, _____ again.

Guitar Solo 1
```
|A    E   |F#m  D  |A    E   |Dsus2        |
```

Verse 2

```
        A                    E   F#m        D
        And I don't know, ___      oh, where I'm goin'.

        A                    E         Dsus2
        I just want to be ___ left alone.

        A                        E   F#m       D
        Well, when this train ends ___    I'll try a - gain,

        A            E         Dsus2 D Dsus4 D5
        I'm leavin' my woman at home, _____ oh yeah.
```

Chorus 2

```
        A*         G          D
        Tuesday's gone with the wind.

        A*         G          D
        Tuesday's gone with the wind.

        A*         G          D
        Tuesday's gone with the wind.

        A*         E          Dsus2 D Dsus4 D5
        My baby's gone with the wind, _____ train roll on.
```

Piano Solo

```
‖: A    E   | F#m  D  | A    E   | F#m      G       :‖
|  A    G   | D       | A    G   | D                |
|  A    G   | D       | A    E   | Dsus2  D Dsus4 D5 |
```

Guitar Solo 2   *Repeat Guitar Solo 1*

Verse 3

```
        A             E   F#m                D
        Train, roll on ___    a many miles from my ___ home,

              A           E      Dsus2
        See I'm,   I'm ridin' my blues a - way, yeah.

        A                E   F#m              D
        But Tuesday, you see ___   a she had to be free, ___ Lord.

        A         E        Dsus2
        Somehow I got to carry on, ___ oh yeah.
```

Chorus 3   *Repeat Chorus 2*

Outro   ‖: A   E | D   :‖ *Repeat and fade w/ vocal ad lib.*

Upside Down

from the Universal Pictures and Imagine Entertainment film CURIOUS GEORGE

Words and Music by
Jack Johnson

Melody:

Who's to ___ say ___ what's im - pos - si - ble?

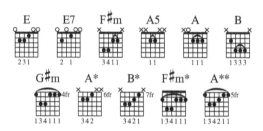

E   E7   F#m   A5   A   B

G#m   A*   B*   F#m*   A**

Intro   ‖: E   E7 | E | F#m   A5 | F#m   :‖

Verse 1

E   E7 E
Who's to say   what's impossible?

    F#m   A5 F#m
Well, they forgot   this world keeps spinnin'.

            E   E7 E   F#m   A5
And with each new day,   I can feel a change in ev'rything.

F#m   E   E7
   And as the surface breaks, re - flections fade.

E   F#m   A5
   But in some ways they re - main the same.

F#m   E   E7
   And as my mind begins to spread its wings,

E   F#m   A5
   There's no stoppin' curi - osity.

Chorus 1

F#m   E   F#m
I wanna turn the whole thing upside down,

A   B   E   F#m
I'll find the things they say just can't be ___ found.

A   B   E F#m
I'll share this love I find with ev'ry - one.

A   B   E   F#m
We'll sing and dance to mother nature's ___ songs.

A   B
I don't want this feelin' to go away.

Interlude 1

‖: E   E7 | E | F#m   A5 | F#m   :‖

Verse 2

E   E7 E
Who's to say   I can't do ev'rything?

    F#m   A5
Well I can try.

F#m   E   E7
And as I roll along I be - gin to find

E   F#m   A5
Things aren't always just what they seem.

Chorus 2

F#m   E   F#m
I wanna turn the whole thing upside down,

A   B   E   F#m
I'll find the things they say just can't be ___ found.

A   B   E F#m
I'll share this love I find with ev'ry - yone.

A   B   E   F#m
We'll sing and dance to mother nature's ___ songs.

A   B
This world keeps spinnin' and there's...

Bridge

G#m   F#m
No time to waste.

     G#m   A*
Well, it all ___ keeps spinnin', spinnin'

B*
'Round and 'round and...

Chorus 3

E   F#m
Upside down.

A   B
  Who's to say what's im - possible

   E   F#m
And can't be ___ found?

A   B
  I don't want this feel - in' to go away.

Outro

‖: E | | F#m* | :‖
                     Please don't go away.

| E | | F#m* | |
                     Please don't go away.

| E | | F#m* | A**   F#m* |
                     Is this how it's sup - posed to be?

| E | F#m*   A** | E   ‖
   Is this how it's sup - posed to be?

What I Got

Words and Music by Brad Nowell,
Eric Wilson, Floyd Gaugh and
Lindon Roberts

Melody:

Ear - ly   in   the morn - in',

D5   G5   G7   D   C5

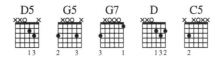

| Intro | \|D5   G5   \|D5   G5   \| |

Verse 1

D5   G5   D5   G5
Early in the morn - in', risin' to the street.

D5   G5
Light me up that cigarette and I

D5   G5
Strap shoes on my feet. (De, de, de, de, de.)

D5   G5   D5   G5
Got to find a rea - son, reason things went wrong.

D5   G5   D5   G5
Got to find a reason why my money's all gone.

　　D5   G5   D5   G5
I ___ got a Dalma - tion and I can still get high.

　　D5   G5   D5   G5
I ___ can play the guitar like a motherfuckin' riot.

Interlude 1   ‖:D5   G5   \|D5   G5   :‖

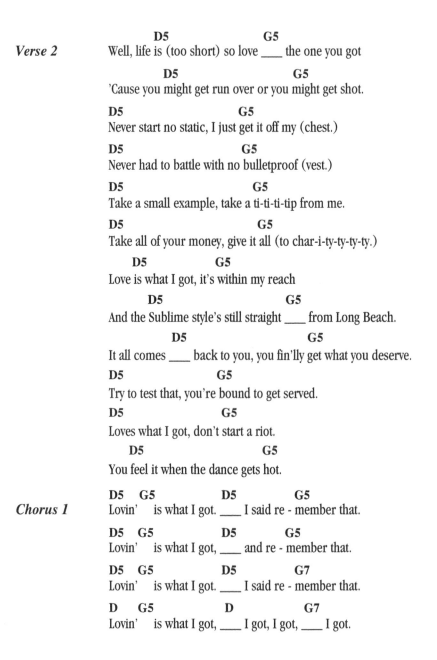

Verse 2

           D5   **G5**
Well, life is (too short) so love ____ the one you got

          D5   **G5**
'Cause you might get run over or you might get shot.

D5   **G5**
Never start no static, I just get it off my (chest.)

D5   **G5**
Never had to battle with no bulletproof (vest.)

D5   **G5**
Take a small example, take a ti-ti-ti-tip from me.

D5   **G5**
Take all of your money, give it all (to char-i-ty-ty-ty-ty.)

     D5   **G5**
Love is what I got, it's within my reach

        D5   **G5**
And the Sublime style's still straight ___ from Long Beach.

           D5   **G5**
It all comes ___ back to you, you fin'lly get what you deserve.

D5   **G5**
Try to test that, you're bound to get served.

D5   **G5**
Loves what I got, don't start a riot.

   D5   **G5**
You feel it when the dance gets hot.

Chorus 1

D5 **G5**   **D5**   **G5**
Lovin'   is what I got. ___ I said re - member that.

D5 **G5**   **D5**   **G5**
Lovin'   is what I got, ___ and re - member that.

D5 **G5**   **D5**   **G7**
Lovin'   is what I got. ___ I said re - member that.

D   **G5**   **D**   **G7**
Lovin'   is what I got, ___ I got, I got, ___ I got.

Verse 3	**D5** **G5** Why, I don't cry when my dog runs away.

D5   **G5**
Why, I don't cry when my dog runs away.

D5   **G5**
I don't get angry at the bills I have to pay.

D5   **G5**
I don't get angry when my mom smokes pot,

D5   **G5**
Hits the bottle and moves right to the rock.

D5   **G5**
Fuckin' and fightin', it's all the same.

   D5   **G5**
Livin' with Louie Dog's the only way to stay sane.

D5   **G5**   **D5**
  Let the lovin', let the lovin' come back ___ to me.

Interlude 2 ‖: **D5**   **C5 G5** │**D5**   **C5 G5** :‖ **D5**   │   │

Chorus 2
       D5 C5 G5   **D5**   **C5**   **G5**
'Cause lovin'   is what I got. ___ I said re - member that.

     D5 C5 G5   **D5**   **C5**   **G5**
Lov - in'   is what I got, ___ and re - member that.

     D5 C5 G5   **D5**   **C5**   **G5**
Lov - in'   is what I got. ___ I said re - member that.

     D5 C5 G5   **D5**   **C5**   **G5**
Lov - in'   is what I got, ___ I got, I got, ___ I got.

Outro   │**D5**   **G5** │**D5**   **G7** │**D**   ‖

Wish You Were Here

Words and Music by
Roger Waters and David Gilmour

Melody:

So, _____ so you think you can tell, _____

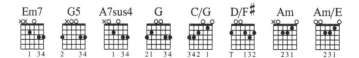

Intro

Em7	G5	Em7	G5	
Em7	A7sus4	Em7	A7sus4	
G		Em7	G5	
Em7	G5	Em7	A7sus4	
Em7	A7sus4	G		

Verse 1

    C/G   D/F#
So, so you think you can tell,

                    Am Am/E
Heaven from hell,

      Am   G
Blue skies from pain.

                D
Can you tell a green field,

D/F#   C/G
  From a cold steel rail?

               Am/E
A smile from a veil?

                  G
Do you think you can tell?

Verse 2

                            C/G   **D/F#**
Did they get you to trade ___ your heroes for ghosts?

                  Am **Am/E**
Hot ashes for trees?

        Am   **G**
Hot air ___ for a cool ___ breeze?

                   D
Cold comfort for change?

D/F#   **C/G**
  Did you exchange

                    Am
A walk on part in the war

                    G
For a lead role in a cage?

Guitar Solo

Em7	G5	Em7	G5	
Em7	A7sus4	Em7	A7sus4	
G		

Verse 3

C/G   **D/F#**
  How I wish, how I wish you were here.

             Am
We're just two lost souls swimmin' in a fish bowl

G
  Year after year.

D/F#
  Runnin' over the same old ground.

C/G   **Am**
  What have we found? The same old fears.

                G
Wish you were here.

Interlude

Em7	G5	Em7	G5	
Em7	A7sus4	Em7	A7sus4	
G		

Outro-Guitar Solo

Em7	G5	Em7	G5	
Em7	A7sus4	Em7	A7sus4	
G		

You Belong with Me

Words and Music by
Taylor Swift and Liz Rose

Melody:

You're on the phone with your girl-friend,

Tune down 1/2 step:
(low to high) E♭-A♭-D♭-G♭-B♭-E♭

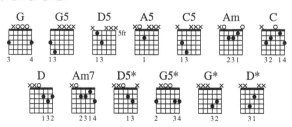

G   G5   D5   A5   C5   Am   C

D   Am7   D5*   G5*   G*   D*

Intro　　　|N.C.(G) | | | |

Verse 1

      G5   D5
You're on the phone with your girlfriend, she's upset.

                                         A5
She's going off about something that you said

                           C5
'Cause she doesn't get your humor like I do.

      G5   D5
I'm in the room, it's a typical Tuesday night.

                                               A5
I'm listening to the kind of music she doesn't like,

                                 C5
And she'll never know your story like I do.

Pre-Chorus 1

     Am   C
But she wears short skirts, I wear T-shirts.

G   D
She's cheer captain and I'm on the bleachers

Am7   C
Dreaming 'bout the day when you wake up and find

               D5*
That what you're   looking for has been here the whole time.

Chorus 1

             G5*
If you could see that I'm the one who understands you,

D
Been here all along.

             Am   C
So why can't you see, ee, you belong with me, ee?

             N.C.(G)
You belong with me.

Verse 2

G5   D5
Walk in the streets with you and your worn out jeans,

                           A5
I can't help thinking this is how it ought to be.

                              C5
Laughing on a park bench, thinking to myself,

"Hey, isn't this easy?"

  G5   D5
And you've got a smile that could light up this whole town.

                                A5
I haven't seen it in a while since she brought you down.

You say you're fine, I know you better than that.

C5
   Hey, what are you doing with a girl like that?

Pre-Chorus 2	**Am** **C** She wears high heels, I wear sneakers.

Am   **C**

G   **D**
She's cheer captain and I'm on the bleachers

Am   **C**
Dreaming 'bout the day when you wake up and find

                    D
That what you're   looking for has been here the whole time.

Chorus 2
                  G5*
If you could see that I'm the one who understands you,

D
Been here all along.

                   Am   **C**
So why can't you see, ee, you belong with me, ee?

G5*
Standing by, waiting at your back door.

D
All this time how could you not know?

           Am   **C**
Ba - by, ee, you belong with me, ee.

You belong with me.

Guitar Solo
G5*		**D**			
Am		**C**			

                      Oh,   I remember you

Bridge

     Am   C
Driving to my house in the middle of the night.

           G5*   D
I'm the one who makes you laugh when you know you're 'bout to cry.

     Am   C
I know your fav'rite songs and you tell me 'bout your dreams.

           G5*   D5*
Think I know where you belong, think I know it's with me.

Chorus 3

           G*
Can't you see that I'm the one who understands you?

   D*
Been here all along,

                  Am   C
So why can't you see, ee, you belong with me, ee?

   G5*
Standing by, waiting at your back door.

   D
All this time how could you not know?

           Am   C
Ba - by, ee, you belong with me, ee.

                 G5*
You belong with me.

Outro

                D
You belong with me.

                                Am
Have you ever thought just may - be, ee,

                C
You belong with me, ee?

              G5*
You belong with me.

Wild Horses

Words and Music by
Mick Jagger and Keith Richards

Open G tuning:
(low to high) D-G-D-G-B-D

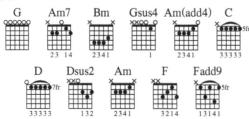

Intro |G |Am7 |G |Am7 |G |

Verse 1

Bm   G   Gsus4 G
Childhood living

Bm   G Gsus4 G Gsus4
Is easy to do.

Am(add4)   C   D
The things you ___ wanted,

G   Gsus4   G Dsus2 D C
I bought ___ them for you.

Bm   G   Gsus4 G
Graceless lady,

Bm   G   Gsus4 G Gsus4
You know who I am.

Am   C   D
You know I can't ___ let you

G Gsus4   G D
Slide through my hands.

GUITAR CHORD SONGBOOK

Chorus 1

```
Am        C          D
Wild ___ horses

G         F          C      Bm
Couldn't drag me a - way.

Am         C         D
Wild, wild ___ horses

G         F          C
Couldn't drag me a - way.
```

Verse 2

```
Bm              G        Gsus4  G
I watched you ___ suffer

Bm              G     Gsus4  G  Gsus4
A dull aching ___ pain.

Am(add4)     C     D
Now you de - cided

G           Gsus4 G  Dsus2  D  C
To show me       the same.

Bm              G        Gsus4  G
No sweeping ___ exits

Bm         G        Gsus4  G  Gsus4
Or offstage ___ lines

Am                   C          D
Could make me feel ___ bitter

G        Gsus4  G  D
Or treat you un - kind.
```

Chorus 2   *Repeat Chorus 1*

Guitar Solo 1

```
|Fadd9   |C        |Fadd9    |
|C    D  |G   Am7  |G        |
```

Verse 3

Bm   G   Gsus4 G
I know I've ___ dreamed you

Bm   G Gsus4 G Gsus4
A sin and a lie.

Am(add4)   C   D
I have my ___ freedom,

G   Gsus4 G   Dsus2 D C
But I don't have   much time.

Bm   G   Gsus4 G
Faith has been ___ broken,

Bm   G   Gsus4 G Gsus4
Tears must be cried.

Am   C   D
Let's do some ___ living

G Gsus4 G   D
Af - ter   we ___ die.

Chorus 3

Am   C   D
Wild ___ horses

G   F   C   Bm
Couldn't drag me a - way.

Am   C   D
Wild, wild ___ horses,

G   F   C
We'll ride them some - day.

Guitar Solo 2

| Bm | G Gsus4 G | Bm | G Gsus4 G Gsus4 |
| Am(add4) | C   D | G Gsus4 G | D |

Outro-Chorus

Am   C   D
Wild ___ horses

G   F   C   Bm
Couldn't drag me a - way.

Am   C   D
Wild, wild ___ horses,

G   F   C   Gsus4 G
We'll ride them some - day.